Herbert Herzmann

Nationale Identität

Mythos und Wirklichkeit am Beispiel Österreichs

tredition®

www.tredition.de

Verlag: tredition GmbH, Hamburg
ISBN: 978-3-8495-6971-6
Printed in Germany

Bibliografische Information der Deutschen Nationalbibliothek:
Die Deutsche Nationalbibliothek verzeichnet diese Publikation in der Deutschen Nationalbibliografie; detaillierte bibliografische Daten sind im Internet über http://dnb.d-nb.de abrufbar.

Inhaltsverzeichnis

Vorwort

Im November 2009 hielt ich auf Einladung von Frau Gabrielle Schallenberg für Mitglieder der Organisation *Welcome to Austria* einen Vortrag über die österreichische Identität, in dem ich auf Gastvorlesungen zurückgriff, die ich in den vorangegangenen Jahren in Irland, den USA, Argentinien und Brasilien gehalten hatte. 2010 wiederholte ich den Vortrag in privaten Kreisen. Die Gastgeber waren Frau Elfriede Valant, Herr und Frau Hansjörg und Irene Kaminsky und Geoffrey Skipper. Auf diesen Vorlesungen und den ihnen folgenden Diskussionen baut der vorliegende Essay auf. Karin Fleischanderl, Walter Schober, Willi Drofenik und Lilian Faschinger lasen meine Entwürfe und ermutigten mich mit konstruktiver Kritik. Ursula Willig half mir bei der Erstellung des Personenregisters. Brendan Burke stand mir bei der Formatierung des Buches bei. Ihnen allen danke ich sehr herzlich.

Die Bibliographie enthält alle verwendete Literatur. Büchern entnommenen Zitaten sind im Text die Seitenangaben hinzugefügt. Zitate aus Artikeln, die in Zeitungen und Zeitschriften erschienen sind, bleiben ohne Seitenzahlen. In Zitaten, die aus der Zeit vor der Rechtschreibreform stammen, ist die alte Rechtschreibung beibehalten.

Da viele Internetseiten nach einiger Zeit aus dem Netz genommen werden, habe ich meistens darauf verzichtet, sie in die Bibliographie aufzunehmen.

Zuletzt eine Warnung: Der Begriff *Österreich* hat im Laufe der Geschichte viele Wandlungen durchgemacht. Seine heutige Bedeutung hat er erst nach dem Zweiten Weltkrieg angenommen. Dies ist zu beachten, sooft von *Österreich* die Rede ist!

Kapitel 1 – Ein bedrohtes Wesen

In seinen Filmen *Deine Frau, das unbekannte Wesen* (1969) und *Dein Mann, das unbekannte Wesen* (1970) ging Oswald Kolle davon aus, dass wir über die uns am nächsten stehenden Personen nichts wissen. Aber nicht nur der Ehepartner, sondern auch das Land, in dem wir leben, ist für die meisten von uns ein unbekanntes Wesen, und diejenigen, die fürchten, dass Zuwanderer ihre nationale Identität gefährden, vermögen nur selten anzugeben, worin diese eigentlich besteht. In Worte zu fassen, welche Eigenschaften und Fähigkeiten eine bestimmte Person auszeichnen und was deren Einzigartigkeit ausmacht, ist ein schwieriges Unterfangen. Das Wesen einer Gruppe von Menschen oder gar einer Nation zu definieren, ist unmöglich. Es ist nicht einmal sicher, ob man überhaupt von einer kollektiven Identität sprechen darf. Man kann nur immer neue Fragen stellen und immer wieder versuchen, sich dem Problem anzunähern.

Die Tatsache, dass sich das vierte Radioprogramm der BBC in den ersten Monaten des Jahres 2011 ausführlich mit der britischen Identität beschäftigte, zeigt, dass sie problematisch geworden ist. Vor nicht langer Zeit sind *Die wahren Finnen* angetreten, ihr Land vor der Überfremdung zu retten. In Österreich fordert H. C. Strache die Wiener auf, sich gegen die Bedrohung durch Türken und andere Ostvölker zu wehren. Thilo Sarrazin beschwört die Gefahr eines durch die Islamisierung zunehmend verblödenden Deutschlands herauf. Identität scheint das zu sein, was von allen Seiten bedroht wird: durch Immigration, durch die Europäische Union, durch die Globalisierung.

Wenn der Zahn der Zeit an einem Kulturdenkmal nagt oder wenn eine Tiergattung vom Aussterben bedroht ist, stürzt sich ein Heer von Historikern oder Zoologen auf die gefährdeten Objekte und Lebewesen und fotografiert, zeichnet, beschreibt und analysiert sie und sammelt alles, was sich an Wissenswertem über sie auftreiben lässt. Es ist also angebracht, noch einmal einen Versuch über nationale Identität zu wagen, bevor sich alle Nationen mitsamt ihrer einzigartigen Geschichte und Lebensweise im Globalisierungsbrei auflösen.

Tatsache ist: Länder verschwinden von der Landkarte und Kulturen gehen unter. Verhaltensweisen und Wertvorstellungen, die Jahrhunderte überdauert haben, fallen der Vergessenheit anheim. Wer weiterhin an ihnen festhält, wird müde belächelt. Der Zusammenbruch der alten Ordnung nach der Katastrophe des Ersten Weltkriegs hatte den europäischen Kontinent in seinen Grundfesten erschüttert, und die Suche nach einer neuen Ordnung endete in einer noch größeren Katastrophe. Seit dem Ende des Zweiten Weltkriegs hat sich

Europa, wie ich meine, zum Bessern gewendet. Stünde ein Bewohner der *Welt von Gestern* heute von den Toten auf, würde er seinen Kontinent nicht wiedererkennen. Noch zwar existieren die Nationalstaaten, die sich Jahrhunderte hindurch bekämpft hatten, doch haben sie begonnen, in einem größeren Europa aufzugehen. Bürger der Europäischen Union können sich in jedem Mitgliedsland niederlassen, wodurch es zu markanten demographischen Verschiebungen kommt. Gravierendere Veränderungen erfährt die Zusammensetzung der Bevölkerung vieler Staaten jedoch durch die Zuwanderung aus armen und krisengeschüttelten Ländern, die nicht der Europäischen Gemeinschaft angehören, was bei vielen Alteingesessenen zu Unmut, Angst und mitunter zu Aggressionen führt. So steht dem Abbau der Grenzen und der Globalisierung das Bestreben vieler Gruppen entgegen, sich im multikulturellen Gefüge unserer Zeit ihre Identität zu sichern und sie zu verteidigen. Sind aus dem Commonwealth nach Großbritannien zugewanderte Pakistaner, Inder und Nigerianer nach einigen Generationen immer noch Fremde, oder sind sie nun Briten, oder haben sie an mehreren Identitäten teil, und, falls ja, wie verhalten sich diese zueinander? Wieviel Zeit muss vergehen, bis nach Österreich eingewanderte Türken zu «echten» Österreicher werden?

Die Reduzierung der staatlichen Souveränität durch Abgabe von Kompetenzen an die Europäische Union mag für viele Österreicher schmerzlicher sein als für die Bürger anderer europäischer Staaten. Frankreich, England, Spanien und die Niederlande sind seit Jahrhunderten Nationalstaaten und hatten viel Zeit, ein starkes nationales Selbstgefühl zu entwickeln. Österreich hingegen musste, wie Stephen Toulmin schrieb, nachdem es 1918 „seine Identität als Kaiserreich verlor [...] eine republikanische Identität vom Nullpunkt an aufbauen". (S. 252). Seine Bewohner wurden gezwungen, in einem *crash course* nachzuholen, was anderswo Jahrhunderte Zeit gehabt hatte zu wachsen. Bis zum Ende des Ersten Weltkriegs war Österreich das Zentrum eines von den Habsburgern regierten Verbundes von Völkern gewesen, dessen größter Feind der Nationalismus war, weshalb sich die Einwohner dieses dynastischen Betriebs, sofern sie dem Herrscherhaus loyal gegenüberstanden, als übernationale Wesen zu fühlen gelernt hatten. Dies traf vor allem auf die deutschsprachigen Untertanen Habsburgs zu. Spätestens seit der Mitte des 19. Jahrhunderts erblickten die Anhänger des *Hauses Österreich* im Nationalismus den Hauptfeind der unzeitgemäß gewordenen Vielvölkermonarchie und verabscheuten und fürchteten ihn. Franz Grillparzer, der 1849 in einem Epigramm voraussagte, dass die „Nationalität zur Bestialität" führen werde, konnte freilich nicht ahnen, mit welcher Gründlichkeit das „Dritte Reich" diese Prophezeihung erfüllen sollte. Dem deutschsprachigen Überrest des Habsburgerreiches, der 1918 infolge des Kollapses der alten Ordnung entstandenen österreichischen Republik, gelang es erst nach jahrzehntelangen Bemühungen und vielen Fehlschlägen, eine nationale Identität aufzubauen. Wenngleich kritische Geister wie z.B. Josef Haslinger, Robert Menasse oder Elfriede Jelinek Recht haben mögen, wenn sie die von der Politik propagierte österreichische Identität als ein Konstrukt denunzieren, welches zu einem Gutteil auf Verdrängung, Beschönigung und Geschichtslügen beruht, so hat sich dieses Konstrukt doch insofern bewährt, als sich die Mehrheit der Österreicher heute zu ihrem Staat bekennt. Kaum aber war es gelungen, die Identität Österreichs in den Gehirnen und Herzen seiner Bürger zu verankern, trat das Land der Europäischen Union bei und stimmte damit dem allmählichen Abbau dieser Errungenschaft zu. Das war natürlich nicht leicht zu verkraften. Robert Menasses polemisch gestellte Frage trifft den Kern des Problems: „Wohin aber jetzt mit unserer neuen Identität, der so lange zwanghaft aufgebauten?" (Menasse, S. 53).

Da sich Österreich auf Grund seiner komplizierten Geschichte besonders gut dazu eignet, die Problematik nationaler Identität aufzuzeigen, steht es im Mittelpunkt unserer Betrachtungen. Wir werden aber immer wieder auch Blicke auf andere Länder werfen. Ein lehrreiches Gegenbeispiel zu Österreich stellt die Irische Republik dar. Österreich und Irland sind junge europäische Nationalstaaten, die aus den Umwälzungen in Europa nach dem Ersten Weltkrieg hervorgegangen sind. Im Gegensatz zu den Österreichern wurden jedoch die Iren niemals von Zweifeln darüber geplagt, was sie seien.

Ich weiß nicht, ob die Besucher der Filme Oswald Kolles nach dem Verlassen des Kinos ihre Ehepartner besser verstanden als vorher, und ich bezweifle, dass die Leser dieses Essays am Ende wissen werden, was nationale Identität im Allgemeinen und die österreichische Identität im Besonderen ausmacht. Vielleicht aber werden sie von den folgenden Ausführungen dazu angeregt, weitere Fragen zu stellen und Antworten zu suchen.

Kapitel 2 – Eine komplizierte Geschichte

Als wir vor einigen Jahren in Wien einen Zweitwohnsitz errichteten, trat meine irische Frau dem Club *Welcome to Austria* bei, der es sich zur Aufgabe gemacht hat, Ausländer, die längere Zeit in Österreich verbringen, mit der Geschichte und Kultur des Landes vertraut zu machen. Er organisiert Besuche von Ausstellungen, Konzerten und Restaurants, Stadtführungen durch Wien sowie Reisen in die Bundesländer. Die meisten Mitglieder sind Angehörige des diplomatischen Dienstes, andere sind Wissenschaftler oder Geschäftsleute, auch einige Österreicher, die mit Ausländern in Kontakt treten wollen, befinden sich darunter. Einmal besuchte meine Frau mit Mitgliedern dieses Clubs eine Ausstellung. Eine Dame schlug vor, anschließend zum Mittagessen in ein deutsches Restaurant zu gehen. Da sie englisch sprach, sagte sie: *a German restaurant*. Obwohl sie Wien gut kennt, hatte meine Frau nie von einem deutschen Restaurant in dieser Stadt gehört und war neugierig, was es dort Interessantes zu essen gäbe. Zu ihrer Enttäuschung erwies sich das deutsche Restaurant als normales Wiener Beisl.

Was ein Österreicher als typisch österreichisch oder wienerisch empfindet, mag sich einem Ausländer, der nichts von der komplizierten Geschichte des Landes weiß, anders darstellen. Touristen und Menschen, die aus beruflichen Gründen einige Zeit in einem fremden Land verbringen, begnügen sich im allgemeinen damit, das Allernotwendigste über ihr Gastland zu erfahren. Sie stellen einfache Fragen und erwarten einfache Antworten. Damit kommen sie in Österreich und besonders in Wien nicht weit, denn die Dinge sind hier nun einmal verzwickter als anderswo. Besuchern Frankreichs, Englands und anderer europäischer Staaten fällt es nicht allzu schwer, sich mit Hilfe der in den gängigen Reiseführern als besonders wichtig hervorgehobenen historischen Tatsachen recht und schlecht zu orientieren. Was aber soll denn der Besucher Österreichs über die Geschichte eines Gebildes lernen, das alle paar Jahre seine Gestalt radikal änderte? Man sehe sich historische Karten von Frankreich, Spanien, Portugal, England oder Irland an. Diese Länder haben ihre Gestalt über Jahrhunderte im Wesentlichen beibehalten, sie besitzen eine deutlich sichtbare Identität. Anders steht es mit Österreich: Die Niederlande, Kroatien, Mailand, Triest, Venedig, Neapel und Sizilien sind längere oder kürzere Zeit österreichisch, sehr lange zum Herrschaftsbereich der Habsburger gehörten Ungarn, Böhmen, Slowakien und Slowenien, ein paar Jahre vor dem Ende der Monarchie auch noch Bosnien. Zu allen Titeln und Würden der Habsburger - sie waren u.a. Erzherzöge von Österreich und Könige von

Böhmen und Ungarn - kam auch noch der des deutschen bzw. „römischen" Kaisers hinzu. Bevor sich die Habsburger in eine deutsche und eine spanische Linie teilten, herrschte Karl als König Karl I. über Spanien und als Kaiser Karl V. über das Heilige Römische Reich, dessen wichtigster Teil Deutschland war. Die Stammburg der Habsburger lag im Aargau in der Schweiz, und es ist ein wenig ironisch, dass sich die ursprüngliche Heimat dem Einfluss dieser zu königlichen und kaiserlichen Würden aufgestiegenen Dynastie für immer entzog. Zu ihrem neuen Stammland erkoren die Habsburger das von den ausgestorbenen Babenbergern übernommene Herzogtum Österreich, das im Wesentlichen aus Wien und einem Teil des heutigen Niederösterreichs bestand. Unter ihnen stieg es zum Erzherzogtum auf und wurde um einige Gebiete erweitert. Dies ist der Grund, warum die habsburgische Dynastie auch als *Haus Österreich* (in Spanien als *Casa d'Austria*) bekannt ist. Wer sich in der österreichischen Geschichte zurechtfinden will, muss sich unter anderm in der Geschichte Deutschlands, Spaniens, der Schweiz, Italiens, Ungarns, der tschechischen und slowakischen Republik, Italiens, Belgiens und der Niederlande sowie des von der politischen Karte Europas getilgten Jugoslawiens umsehen. Es ist also kein Wunder, dass die meisten Besucher beim Studium der österreichischen Vergangenheit rasch ermüden und sich auf ein paar vertraute Highlights beschränken: auf den alten Kaiser Franz Joseph I.

in Schönbrunn, seine Kaiserin Sisi, die Spanische Hofreitschule, die Wiener Sängerknaben und die Wiener Philharmoniker. Wenn sie noch Zeit haben, unternehmen sie einen Abstecher nach Salzburg, essen Mozartkugeln und absolvieren eine *Sound of Music* Tour, bevor sie in ein Land weiterreisen, dessen Geschichte ihnen weniger Mühe abverlangt.

Kapitel 2.1 – Deutsche, Tschechen, Kroaten und andere Österreicher

Die Bewohner eines Landes, das eine lange Geschichte hinter sich hat, teilen bestimmte Anschauungen, Werte, Vorurteile und Verhaltensweisen, die der Besucher als typisch für das Land und seine Menschen erlebt. Weil nun die österreichische Geschichte so kompliziert ist, muss die Antwort auf die Frage, was typisch österreichisch ist, ebenfalls kompliziert ausfallen. Die Tatsache, dass sogar ein Wiener Beisl von Fremden mit einem deutschen Restaurant verwechselt werden kann, gibt doch zu denken! Schriftsteller, Historiker und Psychologen haben versucht, herauszufinden, wie der österreichische Mensch, der *homo austriacus*, beschaffen ist bzw. ob es ihn überhaupt gibt. Zu ihnen gehören zum Beispiel Karl Kraus, Hermann Broch, Hugo von Hofmannsthal, Robert Musil, Oswald Spengler, Erwin Ringel und William M. Johnston. Manches von dem, was über Österreich und die Österreicher geschrieben wurde, entbehrt nicht einer gewissen Skurrilität. Hofmannsthals schematische Gegenüberstellung von Preußen und Österreichern aus dem Jahre 1917 ist eine Sammlung von bedenklichen Klischees. Da lesen wir etwa (S. 459-461), dass der preußische Staat „ein künstlicher Bau", Österreich dagegen ein „geschichtliches Gewebe" sei, oder dass in Preußen „mehr Tugend", in Österreich „mehr Frömmigkeit", in Preußen „mehr Tüchtigkeit", in Österreich „mehr Menschlichkeit" herrsche. Der Preuße leide an „Mangel an historischem Sinn", der Österreicher dagegen verfüge über „historischen Instinkt". Hofmannsthals Schema ist allemal gut dazu, Vorurteile gegen «die Deutschen» zu bestärken, die viele Österreicher mit den «Preußen» in einen Topf werfen. Wenn er liest, dass der Preuße „selbstgerecht, anmaßend und schulmeisterlich" sei, schlägt das Herz manches braven Österreichers höher, auch wenn er vielleicht nicht so gern zur Kenntnis nimmt, dass der Österreicher „verschämt, eitel, witzig" ist. Ist es tatsächlich so, dass der Österreicher dazu neigt, Krisen auszuweichen? Tun dies Angehörige anderer Nationen nicht auch? Und ist es wirklich richtig, dass der Preuße „zu Krisen" geradezu "[d]rängt"? Wir wissen natürlich, dass Friedrich der Große in seinem Krieg gegen Maria Theresia mehrere Male alles auf eine Karte setzte und beinahe alles verlor. Nach der Schlacht bei Kunnersdorf, in der er von den vereinten Russen und Österreichern vernichtend geschlagen worden war, war er sehr nahe daran, mitsamt seinem Preußen unterzugehen. Er hatte einfach Glück, dass seine Alles-oder-Nichts-Politik für ihn gut endete und er in die Geschichte als „der Große" einging. Aber ist diese Art von Hasardieren typisch preußisch? Es war schließlich der Österreicher Adolf Hitler, der sich den „großen" Preußenkönig zum Vorbild nahm und ihn an Krisensucht weit übertraf. Als sein „Drittes Reich" längst auf den sicheren Untergang zusteuerte, hoffte er immer noch auf eine entscheidende Wende zum Endsieg. Das Glück, das dem preußischen Friedrich hold gewesen war, blieb Hitler versagt, und so stürzte er den gesamten deutschen Kulturraum in die Katastrophe, von der er sich bis heute nicht erholt hat und wohl nie mehr vollständig erholen wird. Allerdings wäre die Katastrophe noch größer gewesen, hätte der „Führer" das Kriegsglück des Alten Fritz auf seiner Seite gehabt. Viele Österreicher hören gewiss gerne, dass die Preußen „nach der Vorschrift" und die Österreicher „nach der Schicklichkeit" handeln. Leider widerspricht dem, dass der Extrembürokrat Adolf Eichmann, der unzählige Juden streng „nach der Vorschrift" in den Tod schickte, kein Preuße, sondern ein Österreicher war. Von „Schicklichkeit" war da nichts zu merken. Es verdient festgehalten zu werden, dass sich Hugo von Hofmannsthal vor seiner Entdeckung des österreichischen Wesens bemüht hatte, nachzuweisen, dass die Österreicher Deutsche seien. Als Student hatte ich einige Male die Ehre, an einem literarischen Kränzchen in Salzburg teilzunehmen, zu dem eine liebenswürdige junge aristokratische Dame einzuladen pflegte. Mehrere schöngeistige Menschen, zu denen auch ich mich damals zählte, saßen um einen Tisch herum und lasen einander Texte aus der österreichischen Literatur vor. Auf diese Weise kam es dazu, dass ich den Text Hofmannsthals vorzulesen hatte, in welchem von der deutschen Wesensart des Österreichers die Rede war. Der Autor betonte darin, dass nicht nur am Rhein, sondern auch am Donaustrome in den Adern der Menschen deutsches Blut rolle. Ich fand das sehr komisch und bekam einen Lachkrampf, der mehrere Minuten dauerte. Damit verscherzte ich mir die Gunst der Gastgeberin, und ich wurde hinfort von der literarischen Tafelrunde ausgeschlossen.

Die Identität einer Person, eines Stammes, einer Nation oder einer Kultur ist nichts Angeborenes und nichts Feststehendes, sie ist vielmehr erworben und in fortwährender Entwicklung begriffen. Dabei spielen historische Zufälle eine beträchtliche Rolle. Wir alle sind geformt von unserem Hintergrund, von Familie, Gesellschaftsschicht, Religion und Wirtschaft, vom Staat, in dem wir leben, von der uns umgebenden Kultur und von den verwirrten und verwirrenden Wegen der Geschichte. Aber obwohl das Meiste von außen an uns herangetragen wird, können wir mitunter an der Bildung unserer Identität mitarbeiten und ihre Entwicklung beeinflussen. Manchmal haben wir sogar die Gelegenheit, zwischen verschiedenen Identitätsangeboten zu wählen. Menschen, die in ein anderes Land auswandern, tun dies, und in der österreichisch-ungarischen Monarchie hatten nicht nur Zuwanderer, sondern im Grunde alle unter Habsburg lebenden Menschen die Wahl zwischen mehreren Identitäten. So befanden sich zum Beispiel unter den Vorfahren meiner Großmutter väterlicherseits zu etwa gleichen Teilen Deutsche und Kroaten. Meine Großmutter hatte braune Augen und hervorstehende slawische Backenknochen und sprach gleich gut deutsch und kroatisch, aber sie wurde nicht müde, aller Welt zu verkünden, dass unsere Familie „rein deutsch" sei. Sie hatte sich bewusst für die Identität entschieden, die in dem Vielvölkerstaat als die «bessere» galt. Die österreichisch-ungarische Bürokratie ordnete die Bewohner des Habsburgerreichs verschiedenen Nationalitäten zu. Welcher Nationalität man angehörte, hing von der zu Hause gesprochenen Sprache ab. Sprach man deutsch, war man „Deutscher", sprach man tschechisch, war man „Tscheche" usw. Indem sich die Familie meiner Großmutter für die deutsche Sprache entschied, tat sie, was viele taten, die gesellschaftlich aufsteigen und ihre Karriere fördern wollten. Auch die meisten in Österreich-Ungarn lebenden Juden, die sich in das soziale Gefüge dieses Staates zu integrieren trachteten, orientierten sich an der von ihnen so bewunderten deutschen Kultur, die gewissermaßen die Leitkultur der Monarchie war. Gustav Mahler, Arthur Schnitzler, Joseph Roth, Karl Kraus und Franz Kafka sind nur einige hervorragende Beispiele. In einem Brief an Milena behauptete Kafka, dass Deutsch zwar seine „Muttersprache" und für ihn deshalb „natürlich", das Tschechische ihm aber „viel herzlicher" sei. Wenn man ihm das abnimmt, ist es doch merkwürdig, dass er nichts in der tschechischen Sprache geschrieben hat. Ich erinnere mich an einen Besuch eines Museums über tschechische Literatur in Prag im Jahre 1966, also noch vor dem Prager Frühling. Ich suchte lange nach Informationen über Franz Kafka und stieß schließlich in einem abgelegenen Saal auf ein kleines Bild von ihm. Das war alles. Ich fragte den Museumsaufseher, warum nicht mehr über Kafka vorhanden war. Der Aufseher, ein älterer Herr, der sehr gut deutsch sprach, erklärte mir, dass wenn Kafka auch nur „einen einzigen kleinen Text" auf Tschechisch verfasst hätte, er einen prominenten Platz in diesem Museum einnähme. „Aber leider hat er nur deutsch geschrieben!" Noch heute ist mir der zutiefst gekränkte Ton dieses freundlichen Herrn in Erinnerung. Man kann endlos darüber streiten, ob Kafka der deutschen oder der österreichischen oder der tschechischen Literatur in deutscher Sprache zuzurechnen sei! Eines ist sicher: Er war gewiss kein Bürger des Landes, das wir heute meinen, wenn wir *Österreich* sagen.

Kapitel 2.2 - Eine ideologische Missgeburt

Vor vielen Jahren erschien auf der Titelseite des Nachrichtenmagazins *profil* das Gesicht Jörg Haiders. Auf dem Bild hatte er einen Stahlhelm auf, wie er in der Deutschen Wehrmacht im Zweiten Weltkrieg getragen wurde, und darunter stand die Frage: „Sind wir Österreicher Deutsche?" Dies war der Titel des Beitrags gewesen, mit dem Haider 1966 einen vom Österreichischen Turnerbund veranstalteten Rednerwettbewerb gewonnen hatte. Haider rief einen Sturm der Entrüstung hervor, als er am 18. August 1988 im ORF Inlandsreport die österreichische Nation „eine ideologische Missgeburt" nannte. Außerdem verärgerte er viele gute Österreicher, wie zum Beispiel mich, mit seiner oft hinausposaunten Meinung, dass Österreich seinem Wesen nach „deutsch" sei, so wie sich die Dame von *Welcome to Austria* meine Missgunst zuzog, als sie ein Wiener Beisel als deutsches Restaurant bezeichnete. Dennoch muss ich zugeben, dass sowohl Jörg Haider als auch besagte Dame nicht vollkommen Unrecht hatten. Wie viele Aussagen populistischer Politiker enthalten Haiders Behauptungen, dass Österreich nicht so einfach vom „Deutschtum" losgelöst werden könne (Innsbrucker Parteitag der FPÖ, 14.

September 1986) und dass die österreichische Nation „eine ideologische Missgeburt" sei, ein Körnchen Wahrheit. Es sei hier zur Gänze zitiert, was Haider im Inlandsreport sagte:

> Das wissen Sie so gut wie ich, dass die österreichische Nation eine Missgeburt gewesen ist, eine ideologische Missgeburt, denn die Volkszugehörigkeit ist die eine Sache und die Staatszugehörigkeit ist die andere Sache, und wenn man es jemandem freistellt, sich als slowenischer Österreicher zu bekennen, als ungarischer, als kroatischer, dann muss es auch möglich sein, sich als deutscher Österreicher zu bekennen. Und das ist auch das, was in unserem Programm formuliert ist.

Haider griff auf den Begriff des Volkes zurück, der in der frühen Romantik in Mode kam und in den folgenden eineinhalb Jahrhunderten mehrere Wandlungen durchmachte und viel Unheil anrichtete. Wer nichts von den unseligen Debatten über das Volk weiß, wird Haiders Argument plausibel finden. Warum soll man Österreichern, deren Muttersprache Deutsch ist, nicht zugestehen, sich als deutsche Österreicher zu bekennen, wenn sich slowenisch sprechende Österreicher als slowenische Österreicher bezeichnen dürfen? In der österreichisch-ungarischen Monarchie war das ja ebenso. Wer aber die Geschichte der Debatten über das Volk kennt, kann nicht umhin, hinter jedem Hinweis auf das „Deutschtum" in Österreich eine Attacke der von einem ganz besonderen Volksbegriff ausgehenden extremen Rechten auf die Identität des Landes zu wittern.

Vom Begriff des Volkes und seiner Vergiftung durch kranke Gehirne wird im Kapitel 4 ausführlich die Rede sein. Im Habsburgerreich, welches das Gegenteil eines modernen Nationalstaates darstellte, war es sinnvoll, die Bewohner nach ihrer zu Hause gesprochenen Sprache in kroatische, ungarische, slowenische oder deutsche Österreicher einzuteilen. Diese Art der Kategorisierung entbehrte jeglichen ethnischen, völkischen oder in irgendeiner Form rassistischen Beigeschmacks und konnte daher von niemandem als Beleidigung oder Diskriminierung empfunden werden. In einem modernen Nationalstaat bedarf es ihrer nicht. Die Bürger Frankreichs sind Franzosen, die Bürger Deutschlands Deutsche, die Bürger Österreichs Österreicher. Ob ein Österreicher slowenischer, arabischer oder deutscher Abstammung ist, ob er zu Hause türkisch, serbisch oder tschechisch spricht, in welcher Sprache er träumt und ob er in einer Kirche, einer Moschee, einer Synagoge, auf einem Berggipfel oder überhaupt nicht betet, ist seine Privatangelegenheit. Um die Staatsbürgerschaft eines Landes zu erlangen und damit in die nationale Gemeinschaft aufgenommen zu werden, ist es wichtig, dass man die Nationalsprache einwandfrei beherrscht, über die Geschichte des Landes einigermaßen Bescheid weiß und die in ihm herrschenden Gesetze und Regeln des Zusammenlebens nicht nur äußerlich mitmacht, sondern voll und ganz akzeptiert und verinnerlicht hat. Alles Übrige ist so wichtig oder unwichtig, wie ob man ein salzburgerischer oder ein tirolerischer, ein lutherischer, katholischer oder jüdischer, ein vegetarischer oder fleischessender Österreicher ist.

Wir werden noch öfters auf das in der Tat nicht leicht zu erklärende Verhältnis der Österreicher zu den Deutschen zurückkommen. Hier beschäftigt uns zunächst die Behauptung Haiders, dass die österreichische Nation „eine ideologische Missgeburt" sei. Die Zweite Republik, das heutige Österreich, ist die verbesserte Neuauflage der unglücklichen nach dem Ende des Ersten Weltkriegs entstandenen Ersten Republik. Diese war der deutschsprachige Überrest des zerfallenen Vielvölkerstaates. Die anderen vormals von Habsburg regierten Völker gründeten ihre eigenen, lange ersehnten Nationalstaaten. Wie diese, so war auch das neue, republikanische Österreich ein Nachfolgestaat der Habsburger-Monarchie. Im Unterschied zu den nicht deutschsprachigen neuen Staaten, die sich bemühten, ihre habsburgische Vergangenheit zu vergessen oder zu verleugnen, blieb in Österreich die Erinnerung an das Haus Habsburg weitgehend positiv besetzt. Zwar bemühten sich auch hier die Sozialdemokraten, alles, was an Habsburg erinnerte, aus dem kollektiven Gedächtnis zu verdrängen (z.B. Ausweisung der

Habsburger, die nicht auf ihre Thronansprüche verzichteten, Abschaffung der Adelstitel), aber ihre Versuche, die Habsburgerherrschaft als einen vorübergehenden Irrweg der österreichischen Vergangenheit abzutun, waren von vornherein zum Scheitern verurteilt. Die Habsburger hatten zu lange geherrscht und ihr Erbe war zu mächtig, als dass man sie einfach in der Versenkung verschwinden lassen konnte. Abgesehen vom Burgenland hatten die Regionen, aus denen sich das neue Österreich zusammensetzt, zu den Erblanden der Habsburger gehört. Wien war jahrhundertelang das politische, kulturelle und administrative Zentrum eines großen Reiches gewesen. Die Paläste und Parkanlagen, die Museen, die Ringstraße mit ihren historistischen Prachtbauten, wichtige Teile der Infrastruktur und die Grundzüge des Stadtbildes verdankt Wien den Habsburgern. Diese Zeugen der Vergangenheit stellen nicht nur eine gewaltige touristische Attraktion dar, sie machen einen unverzichtbaren Teil der Identität dieser Stadt aus. In kultureller Hinsicht kann man das heutige Österreich und besonders Wien mit einer Suppe vergleichen, die zu einer konzentrierten Brühe zusammengekocht wurde und entsprechend intensiv schmeckt. Auch der Vergleich mit einem weißen Zwerg bietet sich an. Einer Definition im Internet zufolge sind weiße Zwerge

> small stars composed mostly of electron-degenerate matter. They are very dense, a white

dwarf's mass is comparable to that of the Sun and its volume is comparable to that of the Earth.

So reich Österreich in kultureller Hinsicht nach dem Zusammenbruch des Habsburgerreiches immer noch war, so erbärmlich stand es um seine wirtschaftliche Situation. Der neue Staat verfügte über keine Rohstoffe, keine Industrie, keine nennenswerte Landwirtschaft, und das Meer war weit weg. All das hatten die nun unabhängig gewordenen Nachfolgestaaten der Monarchie behalten. Österreich war ein Rumpf, dessen Glieder abgetrennt worden waren. Die kaiserliche Residenzstadt, einst das Zentrum eines Reiches von über fünfzig Millionen Einwohnern, war über Nacht zur Hauptstadt eines Kleinstaates von sechseinhalb Millionen Menschen herabgestuft worden. Wien war zu groß für Österreich, und Österreich war zu klein für Wien. Im Grunde hat sich das bis heute nicht geändert. Noch 2008 nannte der britische Marketing Experte Wally Olins in einem in *profil* Nr. 40, Jg. 28, Sept. 2008 veröffentlichten Interview Wien einen Elefantenkopf auf dem Körper einer Maus. Ein Blick auf historische Landkarten der Zeit vor und nach dem Ersten Weltkrieg macht die enormen psychologischen Probleme verständlich, unter denen die deutschsprachigen Österreicher und besonders die Wiener nach dem Kollaps der Habsburgermonarchie 1918/19 zu leiden hatten. Wally Olins spricht von einem abrupten Bruch und einer Art von kollektiven Nervenzusammenbruch, den die Österreicher damals erlitten.

Der britische Journalist Gordon Shepherd, der als Korrespondent des *Daily Telegraph* in der Zwischenkriegszeit in Wien arbeitete, fasst in seinem 1961 erschienen Buch über Engelbert Dollfuß die Situation folgendermaßen zusammen:

> Selbst heute noch [gemeint ist 1961, das Erscheinungsjahr des Buchs - HH] ist es für uns schwer zu erfassen, was das Ende des Habsburger-Reiches für die Österreicher und vor allem für die Wiener bedeutete [...]. Wien im Herbst 1918 war eine verstümmelte Stadt [...]. Man wußte nicht, wofür man leben sollte. (S. 45).

Ähnlich sieht es Stephen Toulmin in seinem Buch *Metropolis. Die unerkannten Aufgaben der Moderne* (deutsch 1994):

> Keine der Großmächte aus der Zeit vor 1914 brach als Ergebnis des Krieges vollständiger zusammen als die österreichisch-ungarische Doppelmonarchie, keine Stadt verlor ihre Existenzgrundlage plötzlicher als Wien. (S. 252).

Toulmin erblickt darin aber auch die Chance, die das Land damals hatte, sich neu zu erfinden: Nachdem „Österreich seine Identität als Kaiserreich verlor", musste es „eine republikanische Identität vom Nullpunkt an aufbauen". Diese Chance wurde jedoch nach 1918 nicht wahrgenommen. Es wäre auch ein Wunder gewesen, wenn dieser eben erst entstandene Nationalstaat so schnell zu einer neuen Identität gefunden hätte. Gordon Shepherd benennt das Problem der Österreicher nach 1918 sehr genau: Sie wussten nicht mehr, wofür sie leben sollten, sie hatten die politische Orientierung verloren. Auch die Siegermächte, die diesen neuen Staat geschaffen hatten, waren von der Sinnhaftigkeit seiner Existenz offenbar nicht voll überzeugt. Wie der österreichische Historiker Erich Zöllner vermerkt, dachten italienische und englische Diplomaten „vorübergehend an eine völlige Desintegration Österreichs". (Vgl. dazu und zum Folgenden, Zöllner, S. 74–75). Von 1922 bis 1926 wurde das Land unter die Kontrolle eines Komitees und eines Generalsekretärs des Völkerbundes gestellt, was ihm den Spitznamen „Völkerbundkolonie" einbrachte. Zöllner verweist auch auf Hans Kelsen, den Vater der bis heute gültigen österreichischen Verfassung, der es für „sittlich unerträglich" hielt, „daß sechseinhalb Millionen Menschen zu einem Gemeinwesen zusammengezwungen werden, das jeden innern Sinnes, jeder politischen Idee entbehre" (Formulierung von Zöllner). Anders gesagt: Österreich machte eine horrende Identitätskrise durch. Es sollte ein halbes Jahrhundert vergehen, bis das Land ernstlich begann, seine Chance als kleiner Nationalstaat wahrzunehmen und sich neu zu erfinden. Heute, fast hundert Jahre später, scheint sich das Land von dem Schock von 1918 erholt und sein Selbstvertrauen wiedergewonnen zu haben.

Nach dem Ende des Ersten Weltkriegs hielten die meisten Österreicher und alle maßgeblichen politischen Parteien den Anschluss an Deutschland für absolut notwendig. Nur auf diese Weise, so meinte man, könne dieses verstümmelte Gebilde überleben. Dieser Gedanke war naheliegend und machte auch historischen Sinn. Ausländer können nur schwer verstehen, wie es dazu kam, dass die Mehrheit der Bewohner eines Landes den Wunsch hegte, das eigene Land in einem fremden Staat aufgehen zu lassen. Hier hilft uns die Geschichte weiter. (Vgl. zum Folgenden auch die Kapitel 6, 7 und 8). Wien war bis 1804 bzw. 1806 die Residenz der Deutschen Kaiser gewesen, von denen seit dem späten Mittelalter die meisten der Dynastie der Habsburger angehörten. Sie wurden auch „Römische" Kaiser genannt, weil das Reich, dem sie als von den Kurfürsten gewähltes Oberhaupt vorstanden, ohne freilich viel Macht auszuüben, das sogenannte „Heilige Römische Reich Deutscher Nation" war. 1804, während der Kriege gegen Napoleon, erhob der damalige Deutsche bzw. Römische Kaiser, Franz II., die Gebiete der habsburgischen Hausmacht zum „Kaisertum Österreich", dem er als Kaiser Franz I. vorstand. 1806 löste er das Heilige Römische Reich auf. Dieses war eine Wahlmonarchie gewesen, das neu erschaffene Kaisertum hingegen war eine Erbmonarchie. Die Verbindung zum übrigen Deutschland wurde jedoch nicht vollkommen gelöst, sondern das Kaisertum Österreich blieb ein Mitglied des Deutschen Bundes, aus dem es erst nach der 1866 gegen die Preußen verlorenen Schlacht bei Königgrätz ausgeschlossen wurde. 1867 wurde es in die Doppelmonarchie Österreich-Ungarn umgewandelt. Erst damals etablierte sich die Habsburgermonarchie als ein von Deutschland separates Gebilde, das bis zum Ende des Ersten Weltkriegs bestand. Es ist wichtig zu verstehen, dass dieses Reich nun *Österreich-Ungarn* hieß und nicht *Österreich*. Der Name Österreich bezog sich einerseits auf die linke (cisleithanische) Reichshälfte, und andererseits war es der Name eines Teiles der linken Reichhälfte, der Wien, Niederösterreich und Teile Oberösterreichs und der Steiermark umfasste, d.h. es war das unter den Habsburgern ein wenig ausgeweitete Stammland der bis ins 13. Jahrhundert herrschenden Babenbergerdynastie. Im populären Sprachgebrauch setzte sich aber *Österreich* als Kurzname für Österreich-Ungarn durch. 1871 wurde das Deutsche Kaiserreich, aus dem der Habsburgerstaat ausgeschlossen war, ausgerufen. Arthur Moeller van den Bruck bezeichnete 1923 das neue Deutsche Reich als das „Zweite Reich", das dem „Ersten Reich" (dem sog. Heiligen Römischen Reich Deutscher Nation) folgte. Er erwartete ein „Drittes Reich". Das „Erste Reich", das 1806 offiziell zu Grabe getragen wurde, hatte immerhin ein Jahrtausend gewährt, das neue „kleindeutsche", d.h. ohne die habsburgischen Länder gebildete „Zweite Reich" sollte nicht einmal fünfzig Jahre alt werden, und dem

„Dritten Reich", das angetreten war, ein „tausendjähriges Reich" zu werden, war eine noch viel kürzere Zeit beschieden. Es ist wert, sich in Erinnerung zu rufen, dass Österreich-Ungarn gegen den Willen seines Herrschers, Franz Joseph I., ein eigener, von Deutschland getrennter Staat wurde. Franz Joseph hatte gegen Preußen um die Vorherrschaft in Deutschland gekämpft und verloren. Von ihm stammt der oft zitierte Ausspruch: „Ich bin ein deutscher Fürst." Er war aber mehr als nur ein deutscher Fürst. Er war auch König von Böhmen und König von Ungarn und alles mögliche andere. Das „deutsche" Element war nur ein Teil seiner majestätischen Herrlichkeit.

Kapitel 2.3 – Ein Wesen, das keinen Begriff von sich hat

Der deutschsprachige Überrest Österreich-Ungarns, die 1918 geborene Erste Republik, nannte sich zunächst „Deutschösterrreich". Dies diente zum einen der Unterscheidung von den anderen Nationen des ehemaligen Habsburgerreiches, in dem es ungarische, tschechische, kroatische und viele andere «Österreicher» gegeben hatte, darüber hinaus wollte man die Verbundenheit zu Deutschland zum Ausdruck bringen, dem man sich ja anzuschließen wünschte. Die Provisorische Nationalversammlung vom 12. November 1918 konstituierte einerseits „Deutschösterreich" als Republik, und erklärte andererseits, dass diese Republik ein Bestandteil der deutschen Republik sei! Die Siegermächte waren jedoch entschlossen, alle Anschlusstendenzen im Keim zu ersticken und legten in Vertragsentwürfen den Staatsnamen mit „Republik Österreich" fest, was dann auch von der „Deutschösterreichischen konstituierenden Nationalversammlung" akzeptiert werden musste. Die Republik Österreich hatte eine schwierige Geburt, und sie war ein Wesen, das nicht genau wusste, was es war und wo es hingehörte, und das von den Siegermächten gegen den Willen der Mehrheit seiner Bewohner dazu verdammt wurde, ein unabhängiger Staat zu sein. Jörg Haiders Diktum von der „ideologische[n] Missgeburt" ist nicht so einfach von der Hand zu weisen. Der Hauptgrund dafür, dass diese „Missgeburt" nicht überlebte, ist wohl darin zu suchen, dass die Mehrheit der Bevölkerung an der Zugehörigkeit zum deutschen Volk festhielt. Die neue Republik war, wie Hellmut Andics es im Titel seines Buchs ausdrückte, ein „Staat, den keiner wollte". Ernst Bruckmüller sprach vom „österreichische[n] Identitätsproblem im 20. Jahrhundert" und davon, dass die Bürger des neuen Staates „erst lernen mussten, Österreicher zu sein". In seiner *Neuen Rede über Österreich* vertrat Ernst Ringel die Ansicht, dass die Erste Republik indem sie sich „Deutschösterreich" nannte, „Selbstmord begangen" hat. (Beide zitiert nach Lendvai, S. 17). Martin Haidinger und Günther Steinbach betonen, dass „die österreichische Geschichte bis 1945 nicht zu verstehen ist, wenn man vergisst, dass sich die Österreicher als Deutsche fühlten".(S. 118). Zweimal innerhalb von etwas mehr als 50 Jahren, 1866/67 und 1918, war Österreich eine Identität aufgezwungen worden, die es nicht erstrebte!

Es musste noch viel geschehen, bis es den nach dem Zusammenbruch der Monarchie übriggebliebenen deutschsprachigen Österreichern gelang, sich eine nationale Identität zu erarbeiten. Selbst führende Politiker der Zwischenkriegszeit, die den Nationalsozialismus strikt ablehnten, konnten sich nicht von der Idee befreien, Deutsche zu sein. In der Präambel der von der Regierung Dollfuß verordneten Maiverfassung 1934 des austrofaschistischen Ständestaates, der Hitler so gut er konnte Widerstand leistete, wurde angekündigt: „Im Namen Gottes, von dem alles Recht ausgeht, erhält das österreichische Volk für seinen christlichen, deutschen Bundesstaat auf ständischer Grundlage diese Verfassung." Und als der letzte Kanzler Österreichs vor dem Einmarsch Hitlers, Kurt von Schuschnigg, den Anschluss durch die für den 13. März 1938 anberaumte Volksabtimmung zu verhindern trachtete, konnte er sich nicht dazu aufraffen, Österreich von Deutschland abzunabeln. Die Parole, mit der für die Volksabstimmung geworben wurde, lautete: „Für ein freies und deutsches, unabhängiges und soziales, für ein christliches und einiges Österreich." (Zitiert nach Zöllner, S. 78). Von der Idee, dass Österreich deutsch sei, ließ sich Schuschnigg trotz der bitteren Erfahrung des Hitler-Regimes bis zu seinem Lebensende nicht abbringen. Noch 1946 schrieb er im Exil, dass nach 1918 „ein bewußter und fundierter österreichischer Staats- und Vaterlandsgedanke losgelöst oder gar im Widerspruch zum volklich deutschen Kulturkreis auf die Dauer nicht denkbar war". (Schuschnigg, S. 37). Das verwundert nicht weiter, denn in seinen Augen war Österreich der „zweite deutsche Staat". (S. 38). Als Hitler im März 1938 in Österreich einmarschierte und den Anschluss vollzog, tat er, was viele, nicht nur Nazis, seit langem ersehnt hatten.

Der deutsche Kulturphilosoph Oswald Spengler, der durch sein nach dem Ersten Weltkrieg erschienenes Buch *Der Untergang des Abendlandes* berühmt geworden war, äußerte in seinen *Politischen Schriften* einige originelle Gedanken zur Frage der österreichischen Identität. Er vertrat die These, dass die Österreicher - er meinte damit die deutschsprachigen in der Ersten Republik lebenden Österreicher - jahrhundertelang von den Habsburgern geprägt und damit den übrigen Deutschen innerlich fremd geworden seien. Die Österreicher und vor allem die Wiener stehen, so Spengler, Spanien näher als Deutschland:

> Denn auch Wien ist eine Schöpfung spanischen Geistes. Nicht die Sprache allein schafft ein Volk. Hier wurde ein Volk, das österreichische, durch

> den Geist eines Hofes, dann der Geistlichkeit, dann des Adels geschaffen. Es ist den übrigen Deutschen innerlich fremd geworden, unwiderruflich, denn ein Volk von alter Züchtung kann sich nicht ändern, auch wenn es sich vorübergehend einmal darüber täuschen sollte. Dies Volk ist habsburgisch und spanisch, auch wenn niemand vom Hause Habsburg mehr leben sollte; möge sein Verstand nein sagen, sein Instinkt bejaht es. (S.28).

Wie das? Nun, nicht nur Österreich, sondern auch Spanien wurde lange Zeit von den Habsburgern regiert. Dort nennt man die Habsburger *Los Austriacos*. Der Vater Maria Theresias, Kaiser Karl VI, hatte, bevor er römischer Kaiser wurde, seine Krone im Spanischen Erbfolgekrieg verloren. Als er nach Wien zog, führte er dort das spanische Hofzeremoniell ein. Spenglers These ist zwar gewagt, aber sie spricht etwas aus, das damals nur wenige wahrhaben wollten, nämlich, dass sich die Österreicher im Verlauf der Jahrhunderte den Deutschen entfremdet und eine eigene Identität entwickelt hatten. Spengler bedient sich zwar der damals üblichen völkischen Terminologie, entkleidet man sie jedoch dieses fragwürdigen Gewandes, erweist sie sich als erstaunlich klarsichtig.

Wenn mich jemand fragt, woher ich komme und was ich sei, antworte ich ohne Zögern: „Ich bin Österreicher". Ich habe damit kein Problem, obwohl ich in Wien während des Zweiten Weltkriegs, als Österreich nicht existierte, und somit als

Bürger des „Dritten Reichs", als Deutscher also, zur Welt kam. Wahrscheinlich ist mein unbekümmertes Österreichertum die Frucht meiner schulischen Nachkriegserziehung, die bemüht war, uns zu patriotischen Bürgern des neu erstandenen Österreichs zu machen. Die meisten meiner Altersgenossen identifizieren sich mit dem Land, in dem sie leben, und für die jüngeren Generationen ist dies eine Selbstverständlichkeit geworden. Das war nicht immer so. Jörg Haider hatte, obwohl jünger als ich, Probleme mit seiner österreichischen Identität, was vermutlich auf den Einfluss seiner nationalistisch denkenden Eltern zurückzuführen ist.

Was verstand man in der österreichisch-ungarischen Monarchie, in einem Staat, der nicht Österreich, sondern Österreich-Ungarn hieß, unter einem «guten Österreicher»? Ein guter Österreicher war ein loyaler Untertan der Habsburgerdynastie, des *Hauses Österreich,* und identifizierte sich mit dem übernationalen Prinzip, auf dem das Reich beruhte; wer hingegen die Auflösung der Monarchie in Nationalstaaten und die Entmachtung Habsburgs ersehnte, war kein guter Österreicher. Österreicher in einem ethnischen oder linguistischen oder nationalen Sinn gab es nicht. Es gab nur Deutsche, Kroaten, Italiener, Ungarn usw., und sie alle konnten gute übernationale habsburgtreue Österreicher, oder habsburgfeindliche nationalistisch eingestellte Italiener, Kroaten, Deutsche oder was immer sein. Die Nationalisten hatten nur ein Ziel: weg von Habsburg, hin zu ihrem eigenen Nationalstaat. So gab es tschechische, ungarische, serbische und alle möglichen anderen, aber keine österreichischen Nationalisten: War ein deutschsprachiger Österreicher ein Nationalist, dann war er ein Deutschnationaler, dessen Ziel es war, den deutschsprachigen Teil der Monarchie an Deutschland anzuschließen, wo die Deutschen nicht mehr der Gefahr ausgesetzt waren, von der Mehrheit der Slaven und Magyaren erdrückt zu werden.

Robert Musil hat die merkwürdige Tatsache, dass es weder Österreicher noch Österreich gab, in ein einer oft zitierten Passage in seinem Roman *Der Mann ohne Eigenschaften* auf den Punkt gebracht. Österreich-Ungarn heißt dort „Kakanien", welcher Name aus den Abkürzungen *k. k.* und *k. und k.* gebildet ist, die für *kaiserlich königlich* und für *kaiserlich und königlich* stehen. Das Oberhaupt der österreichisch-ungarischen Monarchie war Kaiser von Österreich und König von Böhmen (*k. k.)* und König von Ungarn (*k*). Nach dem Ausgleich von 1867 wurde die Monarchie in zwei Hälften geteilt. Das Kürzel *k. k.* stand nun lediglich für die linke Reichshälfte (Cisleithanien). Mit *k. und k.* wurde die gesamte Monarchie bezeichnet, deren Oberhaupt Kaiser von Österreich *und* König von Ungarn war. Dies alleine ist schon kompliziert genug und vermittelt einen Eindruck von den definitorischen Schwierigkeiten, an denen die Habsburgermonarchie in ihren letzten Jahrzehnten laborierte. Ich erlaube mir, Musil ausführlich zu zitieren:

> Die Bewohner dieser kaiserlich und königlichen kaiserlich königlichen Doppelmonarchie fanden sich vor eine schwere Aufgabe gestellt; sie hatten sich als kaiserlich und königlich österreichisch-ungarische Patrioten zu fühlen, zugleich aber als königlich ungarische oder kaiserlich königliche österreichische. [....] Die Österreicher brauchten aber dazu weit größere Kräfte als die Ungarn. Denn die Ungarn waren zuerst und zuletzt nur Ungarn, und bloß nebenbei galten sie bei anderen Leuten, die ihre Sprache nicht verstanden, auch für Österreich-Ungarn; die Österreicher dagegen waren zuerst und ursprünglich nichts und sollten sich nach Ansicht ihrer Oberen gleich als Österreich-Ungarn oder Österreicher-Ungarn fühlen, – es gab nicht einmal ein richtiges Wort dafür. Es gab auch Österreich nicht. [...] Österreich hieß [...] in der amtlichen Sprache »Die im Reichsrat vertretenen Königreiche und Länder«, [...]. Fragte man darum einen Österreicher, was er sei, so konnte er natürlich nicht sagen: Ich bin einer aus den im Reichsrat vertretenen Königreiche und Ländern [...] – und er zog es schon aus diesem Grunde vor, zu sagen: Ich bin ein Pole, Tscheche, Italiener, Friauler, Ladiner, Slowene, Kroate, Serbe, Slovake, Ruthene oder Wallache, und das war der sogenannte Nationalismus. Man stelle sich ein Eichhörnchen vor, das nicht weiß, ob es ein Eichhorn oder eine Eichkatze ist, ein Wesen, das

> keinen Begriff von sich hat, so wird man verstehen, daß es unter Umständen vor seinem eigenen Schwanz eine heillose Angst bekommen kann; [...] Seit Bestehen der Erde ist noch kein Wesen an einem Sprachfehler gestorben, aber man muß wohl hinzufügen, der österreichischen und ungarischen österreichisch-ungarischen Doppelmonarchie widerfuhr es trotzdem, daß sie an ihrer Unaussprechlichkeit zugrunde gegangen ist. (S. 450-451).

Österreich kann auf eine lange Geschichte als „ein Wesen, das keinen Begriff von sich hat" zurückblicken, und es litt noch viele Jahrzehnte, nachdem es zu einem Kleinstaat zusammengeschrumpft war, darunter.

Kapitel 3 - Ein wildfremdes Ausland in Deutschland

Ein Grund dafür, dass es so schwer ist, Ausländern Österreich zu erklären, liegt an seinem hybriden Charakter. Es ist ein deutschsprachiges Land, aber nicht deutsch. Das Stadtbild von Wien hat mehr Gemeinsamkeiten mit Prag, Zagreb, Bratislava oder Budapest als mit deutschen Städten, und Oswald Spengler bezeichnete Wien als „Schöpfung spanischen Geistes". Zwar liegt das Land nördlich der Alpen, aber sehr vieles erinnert an den Süden, vor allem an Italien – man denke nur an die barocke Architektur. In Franz Grillparzers *König Ottokars Glück und Ende* wird Österreich als „wangenroter Jüngling" beschrieben, der „zwischen dem Kind Italien und dem Manne Deutschland" liegt. Österreichische Künstler haben eine ausgeprägte Vorliebe für Gattungsmischungen und Grenzüberschreitungen, für das verspielte Jonglieren mit verschiedenen Traditionen, eindeutige und klar umrissene Formen scheinen ihnen eher verdächtig zu sein. Immer wieder zeigen sich Reisende aus Deutschland darüber erstaunt, dass Österreich und besonders Wien anders sind, als sie erwartet haben. Die Entfremdung zwischen Deutschland und Österreich ist nicht erst seit der Gründung der Republik Österreich eingetreten, sondern reicht viel weiter zurück. Die Rezeption, welche die Possen Nestroys und die heiteren Dramen Mozarts im 19. Jahrhundert in Deutschland erfuhren, möge dies veranschaulichen.

Kapitel 3.1 – Das Ärgernis Johann Nestroy

Im Jahre 1833 unternahm Karl Gutzkow mit Heinrich Laube eine Reise durch Österreich und Oberitalien. Seine Beschreibungen von Wien und dessen Theaterleben, insbesondere des Eindrucks, den Nestroy auf ihn machte, vermitteln uns eine Ahnung davon, wie fremd manchen Deutschen Österreich bereits in der ersten Hälfte des 19. Jahrhunderts geworden war. (Die folgenden Zitate bei Gutzkow, S. 195-198). Zunächst machte Gutzkow seine Erfahrungen mit der Metternichschen Zollkontrolle. Er hatte viele Bücher bei sich, die den Zollbeamten misstrauisch machten, doch wurde dieser gleich freundlicher, als ihm Gutzkow erklärte, seine Bücher seien „Lauter Komödien!":

> Vor Theaterstücken haben sie dort keine Furcht. Zwar lassen Metternich und Sedlnitzky kein einziges Shakespeare'sches Stück aufführen, in welchem ein zweideutiger König oder schlechter Minister vorkommt, aber was man so gewöhnlich in Österreich Komödien nennt, ein bißchen Bauernfeld, etwas Grillparzer, ein wenig Raimund und viel *Nestroy*, das läßt man zu [...].

Bemerkenswert ist der herablassende Ton, in dem er sich über die Wiener Dramatiker seiner Zeit äußert. Obgleich er einsieht, dass es „nicht gut" sei, „als Fremder" über den „Volkscharakter der Wiener" „ein Urteil ab[zu]geben", hält er mit seiner Meinung über die Wiener nicht zurück:

> Eine traditionelle Phrase ist die Gutmütigkeit der Wiener. Ich glaube aber, die Wiener von heute lächeln selbst über diese Tradition. Sie wissen sehr gut, daß sie nicht mehr die alten Wiener sind, die wir in Vaudevilles und Wiener Possen auf der Bühne gesehen haben, die guten alten Schildbürger, die uns Bäuerle in seinen jungen Tagen anziehend geschildert hat.

Den Grund dafür, dass die „im Herzensgrunde guten und braven Wiener" nicht mehr das sind, was sie angeblich einmal waren, ortet er im „Bewußtsein der Großstädtischkeit", das ihnen „etwas zu Kopf gestiegen" sei. Gutzkow ist offensichtlich dem Mythos vom goldenen Wienerherz früherer Zeiten aufgesessen, denn er meint, unter der älteren Generation „schöne, wohltuende Beispiele der alten Art [...] angetroffen" zu haben: „Herzige, liebe Menschen voll Teilnahme und Güte. Aber das sind goldne Ausnahmen von der allgemeinen Regel."

Unangenehm ist Gutzkow von der Vergnügungssucht der Wiener berührt, für deren Erklärung er die antike Geschichte bemüht:

> Schon die römische Imperatorenzeit lehrte uns, daß unfreie Zustände die Moralität der Völker vergiften. Der erlaubte politische und religiöse

> Freimut eines Volkes adelt dessen Moral. Die unterdrückte freie Bewegung der Vernunft erzeugt die Zügellosigkeit in den Sitten.

Das Jagen nach Vergnügungen hat also seinen Grund in der Unterdrückung der Vernunft und in der Einschränkung der geistigen Freiheit durch den Polizeistaat Metternichs und Sedlnitzkys. Der geknechtete Geist macht sich mit sinnlichen Exzessen Luft. An der „Wut nach exzentrischen Vergnügungen kann sich auch die Bühne einen großen Teil der Schuld beimessen", denn sie hat Gutzkows Meinung nach „zur Verwilderung des Volkscharakters beigetragen". Der Hauptschuldige an dieser Misere ist niemand anderer als Johann Nestroy:

> Die *Zweideutigkeit* und die *Selbstironisierung* haben besonders in den Nestroy'schen Stücken einen Einfluß auf die unteren Klassen geübt, der ihnen zwei der kostbarsten Kleinode des Volkscharakters raubte, sittliche Grundanschauung aller Dinge und gläubiges Vertrauen gegen Menschen. Das ist entsetzlich, wie Nestroy, dieser an sich höchst talentvolle Darsteller, in seinem Spiel fast noch mehr als in seinen Produktionen dem sittlichen Grundgefühle und der gläubigen Naivität des Volkes Hohn spricht. Man denke sich die bis zum Giebel gefüllten Theater, besetzt von Handwerkern und ihren Frauen und Töchtern und sehe diese Gestikulationen, diese Mienen, höre diese Späße, dieses Anwitzeln jeder überlieferten edlen Empfindung, diese zweideutigen Randglossen zu den Motiven von Tugend und Edelmut ... es überlief

> mich kalt, ein ganzes Volk so wiehern, Weiber lachen, Kinder klatschen zu sehen, wenn die Equivoque gezündet hat oder Nestroy, die Achsel zuckend, die Liebesversicherungen einer Frau, die Zärtlichkeit eines Gatten mit einem satanischen »O Je!« oder dergleichen begleitet. Da steht nichts mehr fest, keine Liebe, keine Freundschaft, keine großmütige Hingebung.

So überzeugend Gutzkows These, derzufolge die Unterdrückung der Vernunft zu sinnlichen Exzessen führt, auf den ersten Blick anmutet, so wenig trifft sie auf Nestroy zu: „*Zweideutigkeit* und *Selbstironisierung*" sind nicht im Bauch, sondern im Kopf angesiedelt. Was Gutzkow als „Verwilderung des Volkscharakters" erscheint, die sich in der „Zügellosigkeit in den Sitten" manifestiert, ist möglicherweise die Folge der sich trotz der polizeistaatlichen Unterdrückungsmaßnahmen durchsetzenden „freie[n] Bewegung der Vernunft", die den Respekt vor den überlieferten, das alte Regime stützenden Wertvorstellungen verloren hat. Das Volk, auch das einfache Volk von „Handwerkern und ihren Frauen und Töchtern", war nicht mehr so naiv und gutgläubig, wie es sich Gutzkow wünschte. Wahrscheinlich war es das niemals gewesen, und die „im Herzensgrunde guten und braven Wiener" hatte es auch in der guten alten Zeit nicht gegeben. Dass Nestroy mehr ein kopflastiger denn ein gefühlsbetonter Dramatiker ist, erkennt Gutzkow sehr wohl:

> Wie schade, daß in diesem geistreichen Darsteller kein gefühlvolles Herz schlägt! Karikatur ist seine Kunst. Gott und der Menschheit einen Esel bohren, das ist seine Lust. Er persifliert alles und wenn nichts mehr zünden will, sich selbst.

Was ihn an Nestroy am meisten zu stören scheint, ist dessen Methode, neben den Mitteln des Geistes auch die des Körpers einzusetzen und so die Kritik an sozialen und menschlichen Schwächen schärfer zu akzentuieren und die Demaskierung überkommener und überlebter Werte lustvoller zu gestalten. Aus zeitgenössischen Berichten wissen wir, dass Nestroys Erfolg als Darsteller sowohl auf seinem Wortwitz als auch auf seiner Körpersprache beruhte. Er vereinte die moderne, aufklärerische Tradition des Worttheaters mit der älteren des Körpertheaters und befriedigte damit die intellektuellen ebenso wie die sinnlichen Bedürfnisse des Publikums. Das Körpertheater, wie es die Commedia dell'Arte und das Hanswursttheater im 18. Jahrhundert praktiziert hatten, war zur Zeit der Aufklärung in Misskredit geraten und unterdrückt worden. Nestroys populäre Possen gaben dem unterdrückten Körper sein Recht zurück und kultivierten außerdem die Lust am intellektuellen Spiel der Worte und Gedanken, d.h. sie setzen sowohl den von der Vernunft der Aufklärung unterdrückten Körper als auch die von Metternichs Polizeistaat unterdrückte Vernunft frei. Mit dem Körper und seinen Gelüsten hat sich die deutsche Literatur nie leicht getan. Herbert

Rosendorfer erklärt das damit, dass sie im 18. Jahrhundert „eine protestantische Angelegenheit" gewesen war und ihr der „Ursprung in den protestantischen Pfarrhäusern bis heute" anhafte. Die Kritik und die Wissenschaft fordern von der Literatur „sauertöpfische[n] Ernst" und „steifleinerne Selbstgerechtigkeit", was der Entwicklung einer komischen Literatur- und Theatertradition nicht eben förderlich ist. In anderen Ländern ist das, so Rosendorfer, nicht so: „Die Franzosen zählen ihren Molière und selbst ihren Feydeau zu den Sternen, zu denen bei uns vergleichsweise Nestroy oder Wilhelm Busch nicht gerechnet werden." (Rosendorfer, S. 35-36). Wenn er „bei uns" sagt, meint er: bei den Deutschen. Die Österreicher wissen ihre komischen Talente besser zu schätzen, jedenfalls wird Nestroy in Österreich zu den Klassikern des Theaters gezählt. Es wäre an der Zeit, dass die Deutschen ihren Wilhelm Busch in den Literaturkanon aufnehmen.

Ein anderer prominenter Vertreter des deutschen Geisteslebens, der Wien mehrere Besuche abstattete, war Friedrich Theodor Vischer. (Die folgenden Zitate bei Vischer, S. 62-69). Auch er war über Nestroys Spiel entsetzt. 1860 schreibt er:

> Schon 1840 trat mir der Verfall der Volkskomödie unter den Händen Nestroy's entgegen. Er ist immer noch da und ich sah ihn zuerst in einer französischen Posse „Orpheus", die eben viel Glück machte, im Leopoldstädter Theater. Schon das ist bezeichnend, daß das liederliche Stück in

> Wien überhaupt Eingang fand. Französische Frivolität ist erträglich im specifischen Element der spielenden Leichtigkeit, worein der Franzose auch das Bedenklichste zu tauchen weiß; in der geraden, derben deutschen Weise wird derselbe Stoff gemein und ekelhaft.

Diese Aussage nährt sich von einem alten Klischee: Die Natur der Franzosen ist frivol, die der Deutschen ernst. Weil die Frivolität mit der Natur der Franzosen harmoniert, finden wir sie bei ihnen attraktiv, bei den Deutschen hingegen beleidigt sie uns, weil sie deren ernstem Charakter widerspricht. Vischer zählt Nestroy offenbar zu den Deutschen und spricht ihm folglich das Recht auf Frivolität ab. Indem Nestroy mit einer französischen Posse „viel Glück machte", übte er gewissermaßen Verrat an seiner deutschen Natur. Die Möglichkeit einer grenzüberschreitenden Synthese von Deutschem und Französischem zieht Vischer nicht in Betracht. Nachdem er Nestroy zu einem Deutschen erklärt hat, fährt er mit schweren Geschützen gegen ihn auf und wiederholt damit im Grunde, was bereits Gutzkow beanstandet hatte:

> Nun aber dieser Nestroy: er verfügt über ein Gebiet von Tönen und Bewegungen, wo für ein richtiges Gefühl der Ekel, das Erbrechen beginnt. Wir wollen nicht die thierische Natur des Menschen, wie sie sich just auf dem letzten Schritte zum sinnlichsten Genuß gebärdet, in nackter Blöße vor's Auge geführt sehen, wir wollen es nicht

> hören, dieß kothig gemeine „Eh" und „Oh" des Hohns, wo immer ein edleres Gefühl zu beschmutzen ist, wir wollen sie nicht vernehmen, diese stinkenden Witze, die zu errathen geben, daß das innerste Heiligthum der Menschen einen Phallus verberge.

Wie Gutzkow so mokiert sich auch Vischer über die Genusssucht der Wiener, die wie bei früheren Besuchen auch noch 1860 allgegenwärtig ist:

> Der nächste Eindruck Wiens ist Betäubung.[…] Verweilt der Beobachter nun überhaupt auf der Oberfläche, so begegnet ihm das alte Jagen nach Genuß, die blühende Sinnlichkeit, der bekannte Charakter Wiens. Tanz, Theater, Musik und Gesang, Wein und Liebe, Prater, Schönbrunn und wohin überall gegangen, geritten, gefahren wird, Plaudern, Lachen, Spaß aller Art scheint noch heute die Axe, um die das Leben läuft; das Essen nicht auszulassen oder vielmehr eine kindliche Wichtigkeit, welche auf die Freuden des Gaumens und Magens gelegt wird.

Interessanterweise räumt Vischer ein, dass „[d]er Dienst der Venus", wie ihn die Wiener in früheren Zeiten ausübten, einen unbeschwerteren Charakter hatte als in anderen Großstädten:

> Der Dienst der Venus geht in allen Großstädten sichtbar genug um; in Wien hatte das immer eine gewisse, eigene Farbe: der Geist Wielands schien in ihm zu wandeln mit jener besonderen Lüsternheit, welche aus den Gaben jener Göttin ein Aufheben macht, als wäre ihre Süßigkeit so eben erst

entdeckt worden und könnte man nicht oft genug und stets aufs Neue schmunzelnd auf sie hindeuten."

Also ist den Wienern doch ein gewisses Maß an Frivolität erlaubt? Wohl nicht, denn Frivolität ist nicht unschuldig! Was Vischer den Wienern vergangener Zeiten zubilligt, ist nicht Frivolität, sondern eine unschuldige Sinnlichkeit:

> Dieß alles schwamm nun vor Zeiten noch in einem Element der Naivetät, das die Strenge des sittlichen Urtheils verscheuchte. Es war ein fröhliches Heidenthum, eine Naturreligion mit Astarot-Cultus, mit Priapdienst, ohne die Wildheit, die bei den alten Völkern dazu gehörte, es war - ich weiß nicht mehr, wer es so ausgedrückt hat: - „Sünde vor dem Genuß vom Baume der Erkenntnis;" eine gewisse festive Kinderseligkeit, eine harmlose Hanswurstlaune nahm dem lieben Leichtsinn seinen Stachel, den Schwachheiten des Fleisches ihre stoffartige Schwere.

Und wo findet er die Beweise für die Existenz solch kindlich-unschuldiger Sinnlichkeit vergangener Zeiten? Er findet sie in der Oper und auf dem Theater früherer Epochen, im „alten Wien", in welchem die „alten Wiener" ihr fröhliches Leben führten:

> Den Geist des alten Wien hat man in der Zauberflöte und umgekehrt die Zauberflöte versteht nur der ganz, der das alte Wien kannte. Papageno und Papagena: das sind die alten Wiener, Tamino, Tamina [sic!] und Sarastro und

> die Osiris-Isis-Priester nicht minder: ihre schreckliche Geheimreligion, ihre rigorosen Prüfungen laufen auf einige Sätze einer wohlmeinenden, gutmüthigen, schließlich eudämonistischen Moral hinaus. Noch zu Raimunds Zeiten gaben die Vorstadt-Theater recht ein Bild des unschuldigen Frevels dieser Harlekinlaune der Kaiserstadt. Raimund legte dem phantastischen Humor eine etwas schärfere Moral, sogar Politik unter, aber die Lustigkeit blieb doch der Grundtakt.

Was Vischer den alten Wienern auf Grund ihrer erfrischenden Naivität nachzusehen bereit ist, will er den neuen Wienern nicht mehr erlauben. Die Zeiten sind offenbar zu ernst für solchen Unfug geworden. Das „fröhliche[] Heidentum", das in der *Zauberflöte* und bei Raimund noch herzig und lieb war, wird bei Nestroy suspekt, denn er hat, wie die Welt wohl überhaupt, die Unschuld verloren, weshalb unter seinen Händen die alte Volkskomödie korrumpiert wurde und der Phallus die Herrschaft angetreten hat. Aber ganz so schlimm ist es doch wiederum nicht, denn Vischer lässt sich dazu herab, für die Österreicher mildernde Umstände gelten zu lassen. Ihnen kann man so übel nicht nehmen, was man bei den protestantischen Deutschen auf schärfste verurteilen müsste:

> […] wenn derselbe Zustand des Geschmacks unserer Sitte unter den Bildungsbedingungen unserer protestantischen Welt einträte, so wäre dieß ein Zeichen einer Verdorbenheit, welche

> nothwendig auch die Züge der Herzensgüte und des Wohlwollens ausschlöße, die doch unbestritten dem heutigen Wiener und Oestreicher eigen sind, wie dem der früheren, ungetrübteren Zeit;

Somit ist das, was bei den Deutschen „die äußerste Frivolität wäre", in Österreich „nicht ebenso zu benennen", denn:

> Man ist von der fröhlichen Sinnlichkeit zum Häßlichen fortgegangen, wie Einer im Zimmer unbewußt über die Fuge zweier Bretter schreitet; ein geschärfteres, accentuirteres Bewußtsein mußte nicht erst abgestumpft werden, weil es überhaupt nicht geweckt war, ein strengeres Fühlen und Denken nicht verbannt, weil es in klarem Gegensatz gegen die leichte Lebensbetrachtung des Eudämonismus vorher nicht hingestellt war.

Die Österreicher sind geistig ein wenig zurückgeblieben, sie haben noch nicht gelernt, kritisch zu denken, weshalb man sie milde beurteilen muss. Möglicherweise aber wird sich diese Rückständigkeit in Zukunft als Vorteil erweisen:

> Unter dem Schutte der alten kindlicheren Lust, die wir hier häßlich vergähren und verwesen sehen, liegt noch ungehoben der Schatz des bewußteren und sittlicher fühlenden Geisteslebens, der ganze Reiz der Neuheit wartet auf ihn, wenn er sich entwickelt. Es könnte kommen, daß wir die Oestreicher, wenn sie einst wahrhaft am deutschen Leben theilnehmen werden, frischer und unversehrter an inneren Kräften finden, als wir selber sind; mancher Jüngling ist von Lustigkeit in

> Unsitte und Ausschweifung übergegangen und wenn er sich dann sammelte, ungebrochener in's handelnde Leben eingetreten, als ein früh nach regelrechter Linie geschnittener Mensch.

Die Ursachen dafür, dass der „Jüngling" Österreich – die Parallele zu Grillparzer ist wohl zufällig – (noch) nicht „wahrhaft am deutschen Leben" teilnimmt, reichen, Vischer zufolge, weit zurück. Nach den napoleonischen Kriegen betrieb Österreich, die „Erneuerung des Mittelalters" und verspielte damit seine Aussichten auf die Führungsrolle in Deutschland. Im Grunde aber „verscherzte es die Oberherrschaft über Deutschland" bereits „vor dreihundert Jahren", als es „die Reformation bekämpfte". Damals „betrat" Österreich „den Weg, der ihm das Gepräge eines wildfremden Auslands in Deutschland gibt".

Kapitel 3.2 – Der schwierige Mozart

Nicht nur Johann Nestroy bereitete deutschen und deutschtümelnden Intellektuellen Kopfzerbrechen, auch Mozart machte ihnen zeitweise das Leben schwer. Gewisse Aspekte seines Werks erschienen ihnen anrüchig und fremdartig, weshalb sie es für notwendig befanden, ihn gegen sich selbst zu verteidigen. Die meisten Opern Mozarts waren *opere buffe*, also komische Opern, in denen allerdings auch ernste Probleme behandelt wurden *Don Giovanni* trug die Bezeichnung *dramma giocoso* (heiteres Drama), und *Cosi fan tutte* ist wohl die ambivalenteste Oper, die jemals geschrieben wurde. In *Die Zauberflöte* mischen sich Elemente verschiedenartiger Gattungen und Gefühlsebenen: Singspiel, Zauberposse, *opera seria*, Besserungsstück, Unterhaltungstheater und Bildungstheater sowie Komik und Ernst. Sie ist das Paradebeispiel eines hybrides Wesens. Mozarts Opern machten es den Theoretikern der zeitgenössischen Deutschen Klassik, die einer strikten Trennung von komischem und ernstem Fach das Wort redeten, in der Tat nicht leicht: Allzu offensichtlich verstießen sie gegen das Verbot, Hohes und Niederes, Erhabenes und Lächerliches zu mischen, das auch im 19. Jahrhundert weitgehend bestimmend blieb. Die im 19. Jahrhundert am meisten aufgeführte Oper Mozarts war *Don Giovanni*. Sie kam dem Geschmack der Romantik und der Vorliebe für große Gefühle am meisten entgegen. Allerdings wurde sie im Sinne des Zeitgeistes umgedeutet. Operndirektoren und Regisseure wollten oder konnten nicht akzeptieren, dass *Don Giovanni* ein *dramma giocoso* war und dass auf die dramatische Höllenfahrt des attraktiven Bösewichts ein fröhliches Schlusssextett folgte. Sie behalfen sich damit, dass sie dieses einfach wegließen, so dass die Oper mit der Höllenfahrt des Verführers endete. Auf diese Weise wurde die wunderbare Synthese aus Heiterkeit und Ernst abgeschwächt und die Oper dem tragischen Genre angenähert.

Ein anderes Meisterwerk Mozarts wurde lange Zeit fast gänzlich vernachlässigt: *Cosi fan tutte*. Die Synthese von *opera buffa* und *opera seria,* von herrlicher, tiefste Gefühle ausdrückender Musik und Parodie eben dieser Gefühle, ist in der Geschichte der Oper einzigartig. Viele Interpreten wussten im besten Fall nicht, was sie damit anfangen sollten, im schlimmsten Fall verurteilten sie diese Oper als unmoralisch. Stein des Anstoßes war Lorenzo da Pontes Libretto, das viele als frivoles Machwerk verurteilten. Mozarts erster Biograph, der Däne Nikolaus von Niessen, hielt da Pontes Libretto für einen „einen schlechten Text", aus dem es nur dem Genie Mozarts gelingen konnte, „solche Schönheiten hervorzubringen". (Zitiert nach Pahlen, S. 11). Das gesamte 19. Jahrhundert hindurch galt der Inhalt von *Cosi fan tutte* als geschmacklos und eines Mozart für unwürdig. (Siehe zum Folgenden Pahlen, S. 9-15). In den auf die Französische Revolution unmittelbar folgenden Jahren wurde die Frau als heiliges Wesen verehrt. Ein Bühnenwerk, welches vorführte, dass die Frau denselben Versuchungen des Fleisches ausgesetzt ist wie der Mann, war politisch inkorrekt. Ludwig van Beethoven, der unbestrittene musikalische Heros des 19. Jahrhunderts, der in Leonore den Inbegriff des göttlichen Weibes musikalisch verklärte, konnte nicht verstehen, wie es Mozart fertigbrachte, mit der Frauenliebe Scherz zu treiben. In den folgenden Jahrzehnten stießen sich gute Deutsche und Germanophile immer wieder an dem angeblich so miserablen Text da Pontes. Richard Wagner wollte sich nicht damit abfinden, dass sich Mozarts Genie dazu herbeigelassen hatte, Musik für so einen literarischen Schmarrn zu komponieren. Während Niessen seine Verwunderung darüber bekundete, wie es Mozart fertigbrachte, zu einem minderwertigen Textbuch solch herrliche Musik zu komponieren, beurteilte Wagner die Musik zu *Cosi fan tutte* als nicht so genial wie die zur *Hochzeit des Figaro.* Der Großmeister deutscher Musik zeigte sich über sein eigenes Urteil erleichtert, denn die Musik schlechthin wäre entehrt worden, hätte sich Mozart von dem elenden Libretto zu wahrhaft großer Musik inspirieren lassen. Wie Beethoven so hielt auch Wagner *Cosi fan tutte* für unmoralisch. Kurt Pahlen, Autor mehrerer sehr lesenswerter Bücher über Opern, fragt, wie es zu erklären sei, dass ausgerechnet Wagner sich über Mozart moralisch entrüstete, obwohl er selber „im ersten Akt seiner «Walküre» Geschwisterliebe und Ehebruch geradezu als befreiende, erlösende Taten hinstellt [...]". Seine Antwort trifft wohl den Kern der Sache. *Cosi fan tutte* ist eine unmoralische Oper, weil sie mit der Liebe spielt. Und mit der Liebe spielt man nicht:

> Gerade eben spielen sollte man – wie *Beethoven* und *Wagner* es übereinstimmend empfinden – mit solchen Gefühlen und Situationen nicht. *Wagner* spielt nicht: Sieglindes und Siegmunds leidenschaftliche, wenn auch dem bürgerlichen Kanon

> zufolge verbotene Liebe ist Ernst, blutiger, tödlicher, aber unausweichlicher Ernst, ist Schicksalsmacht, ist elementare Urkraft, gegen die Regeln und Paragraphen sinnlos wirken. In «Cosi fan tutte» aber wird alles wie in einem Puppenspiel gelenkt, von einem Puppenspieler - Don Alfonso, dem «alten Philosophen» - ausgedacht und gesteuert.

Das Spiel mit erhabenen Gefühlen und hohen Werten, ein Spiel, welches vom Intellekt gesteuert wird und gleichzeitig dem von der aufklärerischen Vernunft unterdrückten Körper seine Rechte zugesteht, ist dem romantischen, nach „unausweichliche[m] Ernst", „Schicksalsmacht" und „elementare[r] Urkraft" süchtigen Publikum des 19. Jahrhunderts suspekt. Was Gutzkow und Vischer an Nestroy als anstößig empfanden, verurteilten Beethoven und Wagner an Mozart und da Ponte.

Es gab freilich auch Stimmen, die für das Scherzen mit ernsten Dingen mehr Verständnis zeigten. Sören Kierkegaard war von Nestroys *Der Talisman* sehr beeindruckt. Er hatte das Stück in Berlin gesehen und pries in seiner 1843 erschienenen Schrift *Die Wiederholung* die befreiende Wirkung, die von einer Posse ausgehen kann: „Eine Posse sehen, ist für den Gebildeten Lotterie spielen", man kann „beim Ansehen einer Posse in die unberechenbarste Stimmung geraten". (S. 365). Und Ignaz Jeitteles schrieb 1839, dass die Posse dem „Dichter und Schauspieler" die Gelegenheit gebe, „in Sprache, Geberde und Costüm mit mehr als gewöhnlicher Freiheit" zu verfahren. (S. 200). Die eigentliche Wiederentdeckung Nestroys erfolgte aber erst zu Beginn des 20. Jahrhunderts. Im Jahr 1901 zog *Lumpazivagabundus* ins Burgtheater ein und 1912 erschien in der *Fackel* der bahnbrechende Artikel *Nestroy und die Nachwelt* von Karl Kraus. Es ist kein Zufall, dass *Cosi fan tutte* um die selbe Zeit zu neuen Bühnenehren gelangte. 1896 wurde Mozarts ambivalente Oper in München unter Hermann Levi aufgeführt. Bald darauf folgten Aufführungen unter Gustav Mahler in Wien. Die Zeit war wieder reif geworden für die Meister hybrider Kunst. Die Moderne um 1900 entdeckte die so lange gering geschätzten Possen und heiteren Dramen aufs Neue und machte die Gattungsmischungen und den despektierlichen Umgang mit geheiligten Traditionen und Klischees erneut salonfähig.

Unter den Nationalsozialisten geriet die Moderne noch einmal gründlich in Misskredit und dies wirkte sich auf die Bewertung von *Cosi fan tutte* aus. Mozart blieb von der krankhaften Deutschtümelei des „Dritten Reichs" nicht verschont. Man wagte es zwar nicht, an der Musik des von den Nazis als deutscher Meister vereinnahmten Mozart etwas auszusetzen, aber umso unbarmherziger durfte man gegen das Libretto von *Cosi fan tutte* wettern. Es stammte ja von einem Italiener, der obendrein Jude war. Leopold Conrad hat in seinem Buch *Mozarts Dramaturgie der Oper* aus dem Jahre 1943 folgendes über das Textbuch zu sagen:

> Hier lag überhaupt kein Inhalt zu Grunde. Es spielte sich zwar ein Vorgang ab, jedoch war dieser weder literarisch noch moralisch, weder gesellschaftlich noch ethisch zu bewerten. Es war Spiel um des Spiels willen. Die Personen waren „Theaterfiguren", die von vornherein nicht ernst genommen werden wollten, auch einander gegenseitig nicht ernst nahmen. (S. 319).

Das Werk war offensichtlich eines deutschen Theaters, das seit der Aufklärung eine Bildungsanstalt der Nation sein sollte, nicht würdig. Wie aber kam es dazu, dass Mozart für so ein miserables Stück eine so schöne Musik komponierte? Conrad erklärt dies damit, dass das Libretto von *Cosi fan tutte* „das einzige" sei, „auf das er keinerlei Einfluss ausgeübt hat, obwohl es während seiner Anwesenheit in Wien entstand". (S. 318). Warum Mozart, obwohl er in Wien weilte und da Ponte jederzeit sehen konnte, sich nicht um das Libretto kümmerte, erklärt Conrad nicht. Aber war es wirklich so? William Mann widerspricht dem und meint, dass Mozart mit da Ponte ebenso so eng zusammenarbeitete wie mit Emanuel Schikaneder und dass er nicht nur an der Textgestaltung der *Zauberflöte*, sondern auch an der von *Cosi fan tutte* entscheidend mitwirkte. Es muss also eine andere Erklärung geben. Der extrem deutschfreundliche im Wien der Jahrhundertwende lebende und als Vordenker des Nationalsozialismus von den Ideologen des „Dritten Reichs" hoch geschätzte Houston Steward Chamberlain hat sie lange vor Conrad gefunden: Anders als der hundertprozentig deutsche Richard Wagner, den seine universale Bildung befähigte, sich seine Operntexte selber zu schreiben, war Mozart auf Grund seiner mangelhaften Bildung und seines unterentwickelten literarischen Geschmacks dazu verurteilt, seine herrliche Musik an schlechte Texte zu verschwenden. Dieses Schicksal teilte er mit Bach und Beethoven, denen nicht das Glück zuteil geworden war, über die umfassende Bildung Richard Wagners zu verfügen. In diesem Falle war dies besonders beklagenswert, weil Mozart viele Opern komponierte:

> Dieses trat namentlich dann schmerzlich und für die Kunst verhängnisvoll hervor, sobald sie [gemeint sind die vor Wagner wirkenden Komponisten - HH], dem notwendigen Entwicklungsgang der Musik folgend, dem Drama sich zuwandten. Wie anders hätte ein Mozart von weitem Bildungshorizont seine Stoffe gewählt! Mit welcher Autorität hätte er seinen elenden Textdrechslern (falls er ihrer überhaupt bedurft hätte) den rechten Weg gewiesen! (S. 45).

Ich meine, dass wir Mozart und seinen „elenden Textdrechslern", Lorenzo da Ponte und Emanuel Schikaneder, dankbar sein müssen. Niemand Geringerer als Goethe schätzte Schikaneders Text und versuchte sich an einem zweiten Teil der *Zauberflöte*. Und dass Lorenzo da Pontes Libretto zu *Cosi fan tutte* eine gediegene Arbeit ist, wird heute weitgehend anerkannt. Für William Mann ist das Libretto „a masterpiece of exposition, development, resolution, and of lovely detail throughout". (S. 36). Er wehrt sich gegen ältere Versuche, etwa von Eric Bloom, *Cosi fan tutte* als reines Puppenspiel, als eine „world of enchanted artificiality" zu verharmlosen, da dies nicht Mozarts Art gewesen sei: „[…] he wrote too much serious music. And I doubt that da Ponte thought of marionettes." (S. 562). Und:

> We see the comedy as far more serious, far more personal, though not less amusing, even though its words and music are deliberately formalized in the manner of 1789. (S. 524).

Kurt Pahlen (S. 13-15) bezeichnet da Pontes Libretto zwar als „ein zynisches, gemeines, doppel-, ja vielbödiges, sarkastisches, parodistisches, hinterhältiges Stück", räumt aber ein, dass es dennoch, oder wohl eher gerade deswegen ein „«Meisterwerk»" genannt werden könne. Nicht nur ist es ein Meisterwerk, es ist auch in höchstem Grade modern: da Ponte war ein negatives Genie und hat ein Drama geschaffen, wie es „ein Dramatiker des 20. Jahrhunderts", der es liebt, „seelische Abgründe aufzureißen […] nicht grausamer erfunden haben [könnte]." Erstaunlicherweise kann aber selbst Pahlen, der die Verdienste da Pontes erkennt, sich nicht dazu durchringen, Mozarts Zusammenarbeit mit seinem Textdichter wirklich zu würdigen. Mozart habe sich, so Pahlen (S. 322) auf diese Arbeit eingelassen, da er „die ganze Abgründigkeit des Stoffes nicht erkannte, nicht erfaßte, nicht durchdachte, ja, sie sich nicht einmal vorstellen konnte". Im Grunde bemüht sich auch Pahlen, wie vor ihm Chamberlain und Conrad, Mozarts Mitwirkung an diesem „teuflische[n] Texbuch" mit etwas merkwürdigen Argumenten zu entschuldigen:

> Was er allein sah, waren die glänzenden, urmusikalischen Situationen, die es in Musik zu kleiden galt. Die Liebesszenen – bei denen er vielleicht nicht immer klar wußte, welche »echt« und welche fingiert, gestellt, gespielt waren. […] Oder verstand er die Komödie vielleicht so, daß die beiden Männer im rasenden Zuge ihres Verführungsspiels selbst nicht mehr sicher anzugeben wüßten, ob sie noch spielten oder wirklich für die neue Angebetete entflammten? Ahnte Mozart, daß da schwierigste Probleme angesprochen wurden? Er goß seine intuitiv ihm aus Geist und Herzen strömende Musik darüber aus: mochten andere sich den Kopf zerbrechen. Oper war nicht zum Kopfzerbrechen da. Nur zum Genießen schöner, reich fließender, nie versiegender, wohltuender Musik aus meisterhaften Kehlen voll bezaubernden Schmelzes… (S. 322).

Wie Beethoven und Wagner, vermag auch Pahlen nicht zu akzeptieren, dass Mozart eine Oper schrieb, in der „mit Liebe und Treue gespielt wurde", die also eines guten Maßes an Frivolität nicht entbehrte. Wir erinnern uns: Frivolität steht den Franzosen und vielleicht auch den Italienern, nicht aber den Deutschen zu! Um Mozart nicht mit der französischen und italienischen Frivolität in Verbindung zu bringen, zählt man ihn lieber zu den „alten Wiener[n]", die laut Gutzkow „im Herzensgrunde gute[ ] und brave[ ] Wiener" waren, wie man sie in den Komödien Bäuerles antrifft, deren schönste Exemplare man, so Vischer, in der *Zauberflöte* vorfindet. Vielleicht waren nicht nur Pamina, Tamino, Papageno und Sarastro „alte[ ] Wiener", sondern Mozart selbst? Wenn dem so ist, dann hat Mozarts „Sünde vor dem Genuß vom Baum der Erkenntnis" stattgefunden, weshalb man sie ihm als „eine gewisse festive Kinderseligkeit, eine harmlose Hanswurstlaune" nachsehen darf, die „dem lieben Leichtsinn seinen Stachel, den Schwachheiten des Fleisches ihre stoffartige Schwere" nahm. Andere mögen denken und sich dabei den Kopf zerbrechen, du, glücklicher Österreicher, genieße das Leben in vollen Zügen! Mozart erscheint so als Nutznießer der Tradition der *Felix Austria*, deren Bewohner andere Länder Konflikte austragen und Kriege führen ließen, während sie auf rauschenden Hochzeiten und Festen in kindlicher Unschuld schwelgten. Als Österreicher stand Mozart offenbar nicht auf der kulturellen und intellektuellen Höhe, die das protestantische Deutschland erreicht hatte und war noch nicht reif genug, um „wahrhaft am deutschen Leben theilnehmen" zu können.

Dies alles ist natürlich Geschichte. Im globalen Dorf schmelzen die Unterschiede zwischen den Nationen bis auf Restbestände rapide dahin. Heute sind Wiener und Tiroler einander viel fremder als Österreicher und Deutsche.

Kapitel 4 – Was für ein Volk?

Bruno Kreisky, der populärste und wohl auch bedeutendste Bundeskanzler der Zweiten Republik, verärgerte Israel und viele Juden in aller Welt mit seiner Behauptung, dass die Juden kein Volk, sondern eine Religionsgemeinschaft seien. Er führte auch einen nicht sehr zimperlichen Wortkrieg gegen den Nazijäger Simon Wiesenthal, nachdem dieser enthüllt hatte, dass Friedrich Peter, der Obmann der Freiheitlichen Partei, die der Sozialdemokrat Kreisky für eine mögliche Koalition zu gewinnen hoffte, ein Mitglied der Waffen-SS gewesen war.

Simon Wiesenthal war wie Kreisky Jude. Während Kreiskys Vorfahren seit langem in die deutschsprachige Kultur der Habsburgermonarchie assimiliert gewesen waren, stammte der 1908 geborene Wiesenthal aus Galizien, dem Teile Polens, der bis zum Ende des Ersten Weltkriegs zu Österreich-Ungarn gehörte, er war, wie Herbert Lackner es ausdrückte, „ein Altösterreicher aus einem typisch jüdischen Stetl". Er hatte in Prag Architektur studiert und ein Architekturbüro in Lemberg unterhalten, das er 1939, als die Sowjets Polen besetzten und Lemberg annektierten, schließen musste. Dies und die Ermordung seines Stiefvaters durch die Sowjets machten ihn zum lebenslangen Antikommunisten. Die Nazis rotteten dann fast seine ganze Familie aus. Seine Frau und er überlebten und ließen sich 1946 in Linz nieder.

Bruno Kreisky und Simon Wiesenthal waren Juden und, jeder auf seine Weise, patriotische Österreicher. Was sie trennte, waren ihre unterschiedlichen Beziehungen zum Judentum und zum Staat Israel. Kreisky hatte ein feindseliges Verhältnis zu Israel, und viele Israelis warfen ihm ein gestörtes Verhältnis nicht nur zu ihrem Staat, sondern zum Judentum überhaupt vor. Wiesenthal dagegen war ein erklärter Freund Israels, so sehr, dass er auch für dessen Geheimdienst arbeitete. Trotz der zahlreichen Anfeindungen, die er über sich ergehen lassen musste, wanderte er nicht nach Israel aus, sondern blieb in Österreich und bestand darauf, Österreicher zu sein. Als solcher tat er sein Bestes, die von der Mehrheit seiner Mitbürger verdrängte Nazi-Vergangenheit aufzuarbeiten. Damit leistete er dem Land einen unschätzbaren Dienst, auch wenn dies nicht von allen so gesehen wurde.

Kapitel 4.1 – Es geht auch ohne Volk

Kreisky spielte die Bedeutung seiner jüdischen Herkunft herunter. Doron Rabinovici berichtet von einem Gespräch zwischen Kreisky und israelischen Friedensaktivisten in der Mitte der 1980er Jahre, in dem Kreisky erklärte, „die Juden seien kein Volk und er sei folglich kein Jude". Wenn

Kreisky kein Jude war, was war er dann? Er hatte darauf eine klare Antwort: Als er gefragt wurde, ob und seit wann es ein österreichisches Volk gäbe, erklärte er, dass bereits seine Vorfahren zu Napoleons Zeiten Söhne des österreichischen Volkes gewesen seien. Bruno Kreisky fühlte sich also dem österreichischen Volk zugehörig. Nicht alle Söhne dieses Volks freilich konnten sich dazu entschließen, ihn als volles Mitglied ihrer Volksgemeinschaft zu umarmen. Als die ÖVP im Wahlkampf 1970 auf Plakaten ihren Kanzlerkandidaten Josef Klaus als „echte[n] Österreicher" proklamierte, war dies eine unterschwellige Attacke auf Kreiskys Judentum. Was war hier mit „echt" gemeint? Obwohl der Begriff des Volks nicht ausdrücklich erwähnt wurde, ging es genau um diesen. Wenn die Juden ein Volk sind, dann gehören Kreisky und Wiesenthal zum jüdischen Volk, woraus folgt, dass sie nicht auch dem österreichischen Volk angehören können. Natürlich waren sie österreichische Staatsbürger, aber das ist für die Anhänger der völkischen Ideologie nicht dasselbe. Kreisky drehte dieses Argument um: Weil es kein jüdisches Volk gebe, sei er kein Jude, sondern Mitglied des österreichischen Volks. Rabinovicis Bericht, wie die Debatte zwischen Kreisky und den israelischen Friedensaktivisten weiter verlief, sei hier vollständig zitiert:

> Ein israelischer Wissenschaftler erklärte daraufhin behutsam, wie kompliziert doch die Begriffe Religion, Volk und Nation seien. «In den USA

> etwa», erläuterte er, «kann jemand sich durchaus der katholischen Religion, dem irischen Volk und der amerikanischen Nation zugehörig fühlen.» Kreisky versetzte: «Das mag ja in Amerika so sein, bei uns ist das nicht so.» Darauf ergriff ein israelischer Psychoanalytiker das Wort: «Wenn Bruno Kreisky sagt, es gebe kein jüdisches Volk und er sei kein Jude, dann respektiere ich das. Falls mich aber jemand fragen sollte, wer der bedeutendste jüdische Politiker in unserer Epoche sei, dann würde ich Bruno Kreisky nennen.» Dieser Argumentation konnte sich der Bundeskanzler denn doch nicht versperren. Er sagte: «Schauen Sie, da werd ich ihnen einen jüdischen Witz erzählen. Geht 1938 ein orthodoxer Jud über die Urania. Hält ihn ein Polizist auf und sagt ihm: ‹Hören S', gehen Sie da nicht weiter, weil da drüben sind die Nazibuam, und die werden Sie piesacken.› Darauf der Jude mit den Pejes, dem Kaftan und dem Jarmikel: ‹Danke, Herr Inspektor! Aber ach, ich werd mich nicht zu erkennen geben.› Und sehen Sie», schloss Kreisky, «so geht es mir manchmal auch.»

Wer hat hier nun Recht? Die Antwort hängt davon ab, was wir unter Volk verstehen. Wenn die Juden und die Österreicher Völker sind, kann man nicht beiden angehören. Die Sache wird wesentlich einfacher, wenn wir Staaten und Religionsgemeinschaften als Gruppierungen von Menschen definieren, die sich zu den betreffenden Staaten oder Religionen bekennen. Unter dieser Voraussetzung können Österreicher Juden, Christen oder Mohammedaner sein, und Juden können sich als

Österreicher, Franzosen oder Spanier definieren, und es steht es jedermann frei, jeder Religionsgemeinschaft beizutreten oder eine neue Staatsbürgerschaft anzunehmen und damit aufzuhören, das zu sein, was er vorher war. Es geht also sehr gut ohne Volk! Die Staaten dieser Welt sind, so gesehen, Häuser, in denen verschiedene „Völker" und religiöse Gemeinschaften ihre Heimat finden können. Wie wir im folgenden Kapitel 4.2 zeigen werden, ist es die Symbiose von Nation und Volk, die in der Geschichte viel Unheil angerichtet hat.

Kapitel 4.2 – Volk und Nation

Das Volk wurde im letzten Drittel des 18. Jahrhunderts von Johann Gottfried Herder entdeckt. Herder war ein Vertreter der Bewegung gegen den Rationalismus, die sich weigerte, den Menschen ausschließlich als ein von der Vernunft gesteuertes Wesen zu begreifen. Wie Martin Haidinger und Günther Steinbach in ihrem 2009 erschienenen Buch *Unser Hitler* darlegen, (S. 54-57) hielt Herder die „Gefühle und emotionalen Bedürfnisse" für ebenso bedeutend wie die rationalen Fähigkeiten. Für besonders wichtig erachtete er, so die Autoren, „das Bedürfnis nach der Sicherheit des Gewohnten und nach der Geborgenheit in einem Geflecht von menschlichen Beziehungen", die der Mensch in der „Gemeinschaft, aus der er stammt und in der er lebt", findet. Diese Gemeinschaft ist das „Volk", unter dem die Romantik in erster Linie eine Sprachgemeinschaft verstand. Die Auffassung vom Volk als einer Sprachgemeinschaft erwies sich als besonders relevant für Mitteleuropa, den Balkan und das damals noch nicht geeinte Italien, weil es dort „keine über lange Zeit gewachsene Staaten gab, mit denen sich ihre Bürger identifizieren konnten".

Um etwa dieselbe Zeit, ab 1760, wurde, wie Herbert Rosendorfer vermerkt, (S. 217-218) in den Vereinigten Staaten die Idee der Nation geboren. Die vielen Völker, die dort zusammenlebten, wollten „eine eigene Identität schaffen: die Nation". Dieser „mächtige[] Gedanke" hatte, „mit der Emanzipation von dynastischer Obrigkeit zu tun". Bald fasste er auch in Europa Fuß. Am 3. September 1791 erließ die republikanische Regierung Frankreichs eine Verfassung, in der „zum ersten Mal eine Staatsangehörigkeit und eine Staatsbürgerschaft kodifiziert wurden". Die Idee der Nation war damals eine fortschrittliche, und es ist verständlich, dass das konservative Haus Habsburg und die anderen europäischen Dynastien sie als Gefahr betrachteten.

Die an sich recht vernünftig anmutende Auffassung der Romantiker vom Volk als Sprachgemeinschaft geriet in Schwierigkeiten, als man Volk mit Nation bzw. staatlicher Gemeinschaft zu vermischen begann: Der Anspruch, dass überall, wo deutsch gesprochen wird, Deutschland sei, wurde in Gebieten, in denen mehrere Sprachgemeinschaften koexistierten, zum Problem. Dazu kam, dass das Volk dem Menschen auch noch Geborgenheit und Sicherheit in einer immer unsicherer werdenden Welt bieten sollte. Als man es dann noch um die Wende vom 19. zum 20. Jahrhundert zu einer Blutsgemeinschaft erklärte und mit quasi mythischen Eigenschaften ausstattete, war es endgültig zu einem toxischen Gemisch geworden.

Die Geschichte hat uns gelehrt, dass Menschen, Bewegungen und Systeme, in die man zu hohe Erwartungen setzt, immer enttäuschen. Nicht nur das: wenn man ungeachtet aller Enttäuschungen beharrlich an ihnen festhält und sie mythisch verklärt, können sie zu Katastrophen führen. So ging es mit den Hoffnungen, die man auf das Volk gesetzt hatte. Je mehr man das Volk zum Hoffnungsträger machte, und je intensiver man es verklärte, umso gefährlicher wurde es. Im 20. Jahrhundert erwarteten sich viele vom Volk die Erlösung von allen Übeln der Moderne, von dem, was Karl Popper den *stress of civilisation* nannte: von Entfremdung, Entwurzelung und Globalisierung. Das konnte auf die Dauer nicht gut gehen. Die Idee der Nation hatte die Menschen nicht nur von den dynastischen Ketten befreit, sondern auch von den Fesseln der Volkszugehörigkeit, den letzten archaischen Resten des Tribalismus. Die

Vermischung des als Blutsgemeinschaft verstandenen Volks mit der Idee der Nation machte diesen Fortschritt zunichte. (Vgl. mehr dazu unten, Kapitel 4.6).

Indem Kreisky den Juden ihr Volkstum absprach, wies er ihnen, so könnte man argumentieren, den Weg zu einer modernen, den Anforderungen der Gegenwart besser entprechenden Auffassung vom Wesen des Staates Israel. Diese Meinung äußerte Georg Hoffmann-Ostenhof im Oktober 2010 in seiner Kolumne im Nachrichtenmagazin *profil*. Er bezog sich dabei auf das Buch von Shlomo Sand, *Die Erfindung des jüdischen Volkes*, das Kreiskys These zu unterstützen scheint. Laut Sand gehören die Juden in den verschiedenen Teilen der Welt verschiedenen Völkern an und werden lediglich durch das Band der Religion zusammengehalten. Wenngleich der Mythos eines durch Bande des Blutes definierten jüdischen Volks eine nützliche und vielleicht auch notwendige Rolle bei der Gründung des Staates Israel gespielt haben mag, so täte das Land heute besser daran, sich als Nation zu begreifen anstatt als Volk. Sand meint, dass ein moderner Staat nicht aus *einem* Volk bestehen müsse, um zu funktionieren. Und in der Tat: Die in einem Nationalstaat lebenden Menschen mögen verschiedenen Völkern entstammen, verschiedenen Rassen angehören und verschiedene Hautfarben haben, doch wenn sie die Staatssprache beherrschen, lange zusammengelebt und die herrschenden Verhaltensregeln angenommen und verinnerlicht haben, dann sind sie vollwertige Mitglieder der staatlichen Gemeinschaft. Alle Länder der Neuen Welt, also des nord- und südamerikanischen Kontinents, sind Heimaten vieler Völker, und dies gilt heute auch für die europäischen Staaten, die immer mehr zu Einwandererländern werden. Die meisten US Amerikaner, Brasilianer oder Chilenen fühlen sich, gleichgültig welcher Abstammung sie sind, als US Amerikaner, Brasilianer oder Chilenen. In den USA bewahren die meisten Menschen zwar die Erinnerung an ihre Herkunft und verstehen sich als irische Amerikaner, Afroamerikaner, hispanische Amerikaner und dgl., all dies aber sind sie immer nur *auch*, in erster Linie sind sie US Amerikaner. Ob man die in einem Staate zusammenlebenden Menschen als Staatsbürger, Genossen oder Volksangehörige bezeichnet und ob man das politische Gebilde, in dem sie leben, Sprachgemeinschaft, Schicksalsgemeinschaft, Nation, Volk oder sonst wie nennt, ist nebensächlich, solange man darunter eine Gemeinschaft in dem oben definierten Sinne und nicht irgendein mythisches Wesen versteht. Wenn man sich darüber geeint hat, kann man irischer Amerikaner, slowenischer Österreicher, türkischer Deutscher, oder pakistanischer Brite sein, eine schwarze, braune, gelbe, rote oder weiße Hautfarbe haben, in der Kirche, Synagoge oder Moschee oder gar nicht beten, ohne dass dies die Zugehörigkeit zu der staatlichen Gemeinschaft, in der man lebt, tangiert.

Kapitel 4.3 – Gefahr für den Staat

Die Integrität eines Staates gerät in Gefahr, wenn sich Gemeinschaften bilden, welche mit dem Hinweis auf die Bewahrung ihrer Identität die im Land geltenden Gesetze und Regeln des Zusammenlebens ablehnen. So gesehen, kann das Insistieren auf dem Vorrang ethnischer oder religiöser Zugehörigkeit vor den Gesetzen des Staates diesen in der Tat bedrohen. Bestünde eine Vereinigung von Vegetariern auf Zwangsehen oder forderte sie zu Gewalt gegen Fleischesser auf, müsste der Staat gegen sie vorgehen. Tut er das nicht, dann tanzt ihm diese Gruppe auf der Nase herum und unterminiert seine Autorität. Das geschah in den letzten Jahren in Irland, als katholische Bischöfe Priester, die des sexuellen Missbrauchs von Kindern beschuldigt wurden, vor strafrechtlicher Verfolgung mit dem Argument schützten, dass das kanonische Recht über den Gesetzen des Landes stehe. Im Juli 2011 erschien der *Cloyne Report*, in denen Bischof John Magee von Cloyne dafür kritisiert wurde, dass er den sexuellen Missbrauch von Kindern durch Priester seiner Diözese nicht den weltlichen Behörden gemeldet und die Schuldigen weiterhin in Amt und Würden belassen hatte. Vierzehn Jahre davor, 1997, hatte der päpstliche Nuntius in Irland große Bedenken gegen Pläne des irischen Staates vorgebracht, die kirchlichen Autoritäten gesetzlich zu verpflichten, sexuelle Übergriffe von Priestern gegen Kinder den Behörden zu melden, da dies mit dem kanonischen Recht nicht vereinbar sei. Wenngleich der Vatikan den irischen Bischöfen nicht ausdrücklich untersagte, des sexuellen Missbrauchs verdächtige Priester anzuzeigen, boten die vorgebrachten Bedenken, die natürlich die Bedenken des Papstes widerspiegelten, einen bequemen Vorwand, die von Priestern begangenen Verbrechen kirchenintern zu behandeln. Der irische Premierminister Enda Kenny kritisierte nach dem Erscheinen des Cloyne Reports den Vatikan mit scharfen Worten und nannte ihn „dysfunctional". So etwas war bis dahin im tiefkatholischen Irland unvorstellbar gewesen. In der Tat wäre es höchste Zeit, einige Bischöfe vor Gericht zu bringen und, falls für schuldig befunden, einzusperren, nur so kann sich das Land in Zukunft vor dem Staat im Staat, für den sich die katholische Kirche immer noch hält, schützen.

Kapitel 4.4 – Ein Haus für viele Völker

Das bedeutendste Modell eines gemeinsamen Hauses für viele Völker und Kulturen im Europa des 19. Jahrhundert war die Habsburgermonarchie. Dass sie keine starke, die verschiedenen

Völker verbindende gemeinstaatliche Identität entwickelte, liegt daran, dass sie nie ein Nationalstaat wurde wie etwa Frankreich oder die multikulturellen Vereinigten Staaten, sondern ein dynastisches Gebilde blieb, eine von einer Familie regierte Ansammlung von Ländern, deren Zusammensetzung sich nach jedem Krieg änderte. Machtpolitisch war das, wie der Vergleich mit Frankreich, England oder Spanien zeigt, ein Nachteil. Im Unterschied zu den englischen und französischen Herrschern trachteten die Habsburger nicht danach, die von ihnen regierten Völker ihrer ethnischen und sprachlichen Identität zu berauben. Ihnen war die Religion wichtiger. Sie zwangen ihren Untertanen den Katholizismus auf, doch beließen sie ihnen ihre Sprache und das Meiste von ihrer Kultur. Der Sprachimperialismus, wie ihn Franzosen, Engländer und Spanier in ihren Machtbereichen ausübten, war in Mitteleuropa nicht üblich. Zwar trifft zu, dass, wie Haidinger und Steinbach hervorheben, wer in der Habsburgermonarchie sozial aufsteigen wollte, die deutsche Sprache benutzte und sich in die deutsche Kultur assimilierte, aber im Unterschied etwa zu den Engländern, die den Iren den Gebrauch ihrer keltischen Sprache verboten, zwangen die Habsburger niemanden, deutsch zu sprechen. Ab 1804, nach der Gründung des Kaisertums Österreich und nach Auflösung des Heiligen Römischen Reiches im Jahre 1806 war das Haus Habsburg bestrebt, die von ihm regierten Völker und Länder zu einem modernen Staatswesen umzuorganisieren. Die Bemühungen, die Territorien der Monarchie unter eine einheitliche Verwaltung zu stellen, fanden nach dem Ausgleich mit Ungarn im Jahre 1867 ihr Ende. Es war allerdings ohnehin zu spät für die Umwandlung des Habsburgerreiches in einen modernen Staat, denn inzwischen hatte sich das nationalistisch-völkische Denken so sehr durchgesetzt, dass die unter Habsburg lebenden Völker nur mehr ein Ziel kannten: los von Habsburg und Gründung eines eigenen Nationalstaates. Es wäre interessant gewesen, zu sehen, wie sich die habsburgischen Länder entwickelt hätten, wäre es dem Hause Österreich doch noch gelungen, seine Territorien in einen modernen Staat umzuwandeln. Zwangsgermanisierung scheint jedenfalls nicht auf dem Programm gestanden zu haben. Die habsburgischen Untertanen wurden nach ihrer Volkszugehörigkeit klassifiziert, wobei diese, wie bereits ausgeführt, von der Muttersprache abhing, bzw. von der zu Hause gesprochenen Sprache. Auf diese Weise wurde man zu Tschechen, Kroaten, Ungarn, Deutschen usw. Eine österreichische Volkszugehörigkeit gab es nicht, wie es übrigens auch keine jüdisches Volk gab, weil Jiddisch als deutscher Dialekt und nicht als eigene Sprache klassifiziert wurde. Diese Politik war fern jeglichen rassistischen oder mythischen Unsinns. Das ansonsten so konservative Reich betrieb in diesem Punkt eine aufgeklärte und fortschrittliche Politik, weshalb es von den dumpfen nationalistischen und völkischen Kräften erbittert bekämpft und schließlich zerstört wurde.

Kapitel 4.5 – Eine Abspaltung vom deutschen Volk

Das nach dem Zusammenbruch Österreich-Ungarns übriggebliebene deutschsprachige Österreich ist keineswegs so homogen, wie es sich die Vertreter rechtsgerichteter heimatlich denkender Parteien wünschen. Insbesondere Wien ist alles andere als ethnisch einheitlich. Man sehe nur in ein Wiener Telefonbuch hinein oder schaue und höre sich in Wien ein wenig um! Für die Beantwortung der Frage, ob man den Österreichern eine eigene Identität zugestehen oder sie einfach mit den Deutschen (oder warum die Wiener nicht z.B. mit den Tschechen?) in einen Topf werfen solle, spielt es keine Rolle, ob die Österreicher ein Volk sind oder nicht, und falls ja, welchem Volk sie angehören oder von welchen Völkern sie abstammen. Die Frage sollte vielmehr lauten, ob sich die in Österreich als österreichische Staatsbürger lebenden Menschen mit ihrem Staat identifizieren und ob sie einen Lebensstil entwickelt haben, der sie von anderen Nationen unterscheidet. Statt von Lebensstil könnte man auch von Kultur sprechen. Ich meine damit die Gesamtheit der Lebensäußerungen, die ein Land charakterisiert und es von andern Ländern unterscheidet: Architektur, Wohnweise, Essgewohnheiten, die Art und Weise, wie man miteinander umgeht, Unterhaltung, Freizeitgestaltung usw. Kann Österreich eine Identität in diesem Sinne für sich beanspruchen? Wenn dem, wie ich meine, so ist, hat man den Österreichern eine eigene nationale Identität zuzugestehen. Thilo Sarrazins in der *profil* Ausgabe vom 3. Jänner 2011 zitierte Behauptung, dass die Österreicher (gemeint sind die deutschsprachigen Bürger des heutigen Österreich - HH) „eine Abspaltung vom deutschen Volk" seien, mag historisch betrachtet vertretbar sein, sofern man den vergifteten Begriff des Volks durch den der Kulturgemeinschaft ersetzt. Die von ihm ins Treffen geführte Tatsache, dass die Österreicher „1938 mit großer Mehrheit für den Anschluss an das deutsche Volk gestimmt" haben, lässt sich leider nicht bestreiten. Aber das ändert nichts daran, dass sich die meisten Österreicher heute nicht als Deutsche, sondern als Österreicher betrachten.

Möglicherweise hat Kreisky mit seiner Kritik am völkischen Selbstverständnis vieler Juden einen wunden Punkt in der Konstruktion der jüdischen Identität getroffen, ebenso wie die von den israelischen Friedensaktivisten gestellte Frage, ob denn die Österreicher ein Volk seien, an eine Schwachstelle des österreichischen Selbstverständnisses rührte. Falls, wie Hoffmann-Ostenhof meint, Kreiskys Kritik am Mythos des jüdischen Volkes berechtigt ist, muss es erstaunen, dass er ausgerechnet den Österreichern zugestand, ein Volk zu sein. In der langen und komplizierten Geschichte, aus der das heutige Österreich hervorgegangen ist, hat es nämlich, wie wir gesehen haben, weder Österreicher noch Österreich, jedenfalls nicht in dem heute gültigen Sinn, gegeben. Die Bürokratie des Habsburgerreichs ordnete die deutschsprachigen Einwohner den Deutschen zu, aber die Deutschen Österreichs befanden sich vor 1871 in einer anderen Situation als die in den vielen deutschen Kleinstaaten lebenden Menschen. Haidinger und Steinbach beschreiben die Situation der deutschsprachigen Österreicher folgendermaßen:

> Der Staat, in dem sie lebten, war kein Zwergstaat, sondern eine der Großmächte der Zeit, und sie betrachteten sich als sein Staatsvolk, auch wenn sie in diesem Staat nur eine Minderheit waren. Eine deutsche Dynastie regierte sie, ihre Herrscher residierten in Wien und waren seit fast einem Vierteljahrtausend deutsche Kaiser, deutsch war auch die Kultur des Landes und deutsch das Bürgertum der Städte oft auch im bäuerlichen slawischen und rumänischen Umfeld. Wer etwas gelten wollte im Reich der Habsburger, musste Deutscher werden. (S. 57).

Kapitel 4.6 – Der Mythos des Bluts

Die Sonderstellung, die sich die Deutschen im Habsburgerreich anmaßten, ist eine der Ursachen des Untergangs der Monarchie, und die in den Jahrzehnten nach dem Zusammenbruch weiterhin virulente Deutschtümelei der Bewohner der jungen österreichischen Republik trieb auch diese in den Ruin. Dass um die Wende vom 19. zum 20. Jahrhundert die Auffassung vom Volk als einer Sprachgemeinschaft zu der einer Blutsgemeinschaft mutierte, wirkte sich nicht nur auf die Geschichte Österreichs, sondern auch auf die Deutschlands und Europas unheilvoll aus. Maßgeblich beteiligt an dieser neuen Auffassung waren radikale Kreise der Deutschnationalen in Österreich-Ungarn um Georg Ritter von Schönerer. Konnte der älteren Auffassung vom Volk und der in Österreich-Ungarn bis 1918 herrschenden Gesetze zufolge ein Jude durch Bekehrung aufhören, Jude zu sein und durch Annahme der deutschen Sprache Deutscher werden, war dies für Schönerer und seine Anhänger nicht mehr denkbar. Von Schönerer stammt der Ausspruch: „Die Religion ist einerlei, die Rasse ist die Schweinerei.“ Man kann dem hinzufügen, dass ihm und seinem Kreis auch die Sprache „einerlei“ war! Die Nazis entwickelten diese Theorie bis zu ihren schrecklichsten Konsequenzen weiter. Sie sahen im Volk so etwas wie eine von der Klein- und Großfamilie über Sippe und Stamm aufsteigende Überfamilie, eine Gemeinschaft, die sich nicht so sehr über eine gemeinsame Geschichte und Sprache, sondern mehr noch über die Bande des Blutes definierte. Wer nicht deutschen Blutes war, konnte nun kein

Mitglied der Volksgemeinschaft sein. Ein Angehöriger eines «fremden» Volkes oder einer «fremden» Rasse konnte noch so gut Deutsch sprechen und die deutsche Kultur in sich aufgenommen haben und einen noch so wertvollen Beitrag zur deutschen Kultur leisten, er blieb aus dieser Gemeinschaft in alle Ewigkeit ausgeschlossen.

Auch in anderen Weltteilen geisterten und geistern noch immer derartige rassistische Theorien in den Köpfen verblendeter Menschen herum. So vertraten in Peru in der ersten Hälfte des 20. Jahrhunderts die Vertreter des *indigenismo* die Auffassung, dass nur von den Indianern abstammende Peruaner echte Peruaner seien. In Irland tun sich bis heute manche Nationalisten schwer, die Anglo-Iren, d.h. Iren englischer Abstammung, die seit vielen Generationen im Lande leben, als volle Mitglieder der nationalen Gemeinschaft anzuerkennen. Sie gehören häufig der höheren Mittelschicht und Oberschicht an und sind zumeist Protestanten. Viele von ihnen pflegen den englischen Akzent, der sie von der übrigen Bevölkerung abhebt, und bestehen darauf, ihre Kinder in britische Internate zu senden.

Allerdings gibt es auch Engländer, die gerne Iren sein wollen. Der britische Schauspieler John Hurt war sein Leben lang der Meinung gewesen, ein Verwandter der anglo-irischen Earls von Sligo zu sein, so hatte er es jedenfalls aus in seiner Familie verbreiteten Erzählungen gelernt. Er ließ sich in Irland nieder und fühlte sich dort so wohl, als wäre er heimgekehrt, es schien ihm, als vernehme er die Stimme des Blutes, die ihm sagte: «Hierher gehörst Du, hier bist Du zu Hause.» Später begann er, seine Familiengeschichte ernstlich zu erforschen, wobei ihm der gegenwärtige, in Irland lebende Earl von Sligo behilflich war. Zu John Hurts Enttäuschung stellte sich heraus, dass seine Familie nichts mit der des Earls of Sligo zu tun hatte und dass die in seiner Familie überlieferten Erzählungen eine Fabel waren. Der arme Mann war am Boden zerstört. Auf einmal war er nicht mehr das, was er sein Leben lang geglaubt hatte zu sein. Gibt es einen Weg, der John Hurt aus seiner Identitätskrise heraushelfen könnte? Ich denke, ja: Er liebt Irland und hatte sich dort niedergelassen und angefangen, sich als Ire (vielleicht nicht als «richtiger» Ire, aber immerhin als Anglo-Ire) zu fühlen. Warum sollte er diese Gefühle nicht weiterhin für Irland hegen? Wenn ihm das Land so gut gefällt und er sich dort voll integriert hat und daheim fühlt, braucht sich das dadurch, dass er nun weiß, dass er nicht mit den Earls of Sligo verwandt ist, keineswegs zu ändern. John Hurt ist schlicht und einfach dem Mythos von der Stimme des Blutes aufgesessen. Er täte gut daran, sich einer Entziehungskur zu unterziehen, um sich von dem völkischen Giftgemisch zu befreien.

Schnitzlers Drama *Der einsame Weg* zeichnet eine Gesellschaft alternder Maler, Dichter und Schauspieler, die unter dem Versiegen ihrer schöpferischen Kräfte und ihrer Vitalität leiden. Die Arroganz der Jugend ist diesen alternden Künstlern jedoch geblieben. Sie behandeln den *„Direktor der Akademie der bildenden Künste"*, Professor Wegrat, mit Herablassung, weil er kein Vollblutkünstler, sondern ein vom Staat besoldeter „Kunstbeamter" ist. Felix, der als sein Sohn aufwächst, ist in Wahrheit der Spross einer kurzen vorehelichen Beziehung, die Wegrats Frau, Gabriele, mit dem Maler Julian Fichtner hatte. Wegrat weiß davon nichts, und Felix erfährt es erst nach dem Tode seiner Mutter von Julian. Zu dessen großer Enttäuschung ändert die Enthüllung der „Wahrheit" nichts an den Gefühlen, die Felix gegenüber Wegrat empfindet:

> Es ist eine Wahrheit ohne Kraft ... Ein lebhafter Traum wäre zwingender als diese Geschichte aus verflossenen Tagen, die Sie mir erzählt haben. Es hat sich nichts verändert ... nichts. Das Andenken meiner Mutter ist mir so heilig als zuvor. Und der Mann, in dessen Haus ich geboren und aufgezogen bin, der meine Kindheit und meine Jugend mit Sorgfalt und Zärtlichkeit umgeben hat, und der meine Mutter – geliebt hat, gilt mir gerade so viel, als er mir bisher gegolten – und beinahe mehr. (S. 61).

Der leibliche Vater hatte sich der irrigen Hoffnung hingegeben, dass ihn sein Sohn nun mehr lieben werde als den Ziehvater und „Kunstbeamten“. Die historisch gewachsenen sozialen Bande erweisen sich jedoch als mächtiger als die des Blutes. Nachdem sich Johanna, die Halbschwester von Felix, das Leben genommen hat, ergreift dieser die Hand Wegrats und nennt ihn „Mein Vater!“. Damit „wählt“ er, wie Hartmut Scheible betont, „eine Form der Gemeinschaft, die nicht mehr, wie die Familie bisher, begründet ist durch die vorrationalen, mythischen Bindungen des «Blutes».“ (S. 88). Die «Stimme des Blutes», die nicht nur viele Nationalisten und Rassisten der Zeit um 1900, sondern auch die Zionisten in ihrem Inneren zu hören vermeinten, wird als Mythos entlarvt. Schnitzler, der wie Freud und viele assimilierte Wiener Juden von den Ideen der deutschen Aufklärung beeinflusst war, konnte, so tief er auch in sich hineinhorchte, keine Sehnsucht nach der Rückkehr in die Urheimat der Juden entdecken, wie er sie den Anhängern der zionistischen Bewegung Theodor Herzls zufolge empfinden sollte.

Ähnlich wie sich der alternde Maler Julian Fichtner in Schnitzlers Stück der Illusion hingab, dass es so etwas wie eine angeborene Liebe zum Blutsvater gebe, faselten viele Blut-und-Boden-Dichter um die Wende vom 19. zum 20. Jahrhundert von der angeborenen Liebe zur deutschen Heimat, in die nunmehr bloß Menschen deutschen Blutes zugelassen werden sollten. Die Arierparagraphen der Sektionen des Deutschen und Österreichischen Alpenvereins um die Wende vom 19. zum 20. Jahrhundert waren Vorspiele des blutigen Endspiels der Nazizeit. So kam es, dass in Österreich überragende Figuren des geistigen und kulturellen Lebens von dem inneren Kreis der («deutschen»!) Österreicher ausgeschlossen wurden. Bereits vor dem Ersten Weltkrieg gab es Stimmen, die Arthur Schnitzler die Berechtigung absprachen, österreichische Charaktere zu gestalten. In einer Tagebucheintragung aus dem Jahre 1903 erwähnt Schnitzler ein Gespräch mit Hermann Bahr, in welchem dieser berichtete, er hätte „von einigen vernommen, die gegen Ltnt. Gustl vorbrachten: ein Jude sollte doch keinen oesterr. Ltnt. schildern!" (Tb 1903–1908, S. 21: 17. März 1903, zitiert nach Fliedl, S. 38). Ein Theaterstück, das die Thematik eines aus der «deutschen» Volksgemeinschaft Österreichs verstoßenen Juden ergreifend darstellt, ist Felix Mitterers *Kein schöner Land* (1987): Die Handlung beruht auf dem Schicksal des einer angesehenen altösterreichischen jüdischen Familie entstammenden Ing. Rudolf Gomperz, eines Pioniers des Vorarlberger Tourismus, der 1942 in einem KZ ermordet wurde.

Kapitel 4.7 – Unentrinnbare Identitäten

Darf es uns angesichts des um 1900 grassierenden Antisemitismus wundern, dass die Juden ihre Identität neu entdeckten und sich von der Rückkehr nach Palästina und der Gründung eines eigenen Staates eine bessere Zukunft erhofften? Sie träumten von nichts anderem als von dem, was sich alle «unerlösten» Völker des habsburgischen «Völkerkerkers» so innig wünschten. Und wie bei den Deutschen, Tschechen, Ungarn und allen anderen verband sich auch bei den Juden die Forderung nach einem eigenen Nationalstaat mit dem Mythos des Volkes. Die schrecklichen Ereignisse der Hitlerzeit haben dazu beigetragen, dass die Juden länger und beharrlicher an diesem Mythos festhalten als andere Nationen. Wenn uns etwas, das wir lange als selbstverständliches Recht betrachteten, plötzlich versagt wird, wenn wir auf einmal nicht mehr unsere Sprache sprechen, unsere Religion ausüben, unsere Trachten tragen oder unsere Speisen essen dürfen, empfinden wir das als Bedrohung unserer Identität und setzen uns zur Wehr. Dinge, denen wir bisher wenig Aufmerksamkeit geschenkt haben, werden uns wichtiger, als sie es unter «normalen» Verhältnissen jemals waren. Der laxe Katholik, der nur einige Male im Jahr in die Kirche geht, wird nun für sein Recht kämpfen, jeden Tag in die Messe gehen zu dürfen, die im Westen lebende Mohammedanerin, die auf das Tragen des Kopftuchs keinen besonderen Wert legt, wird, wenn ihr ein Kopftuchverbot droht, darauf bestehen, ihr Kopftuch immer und überall zu tragen und auf diese Weise ihre bedrohte islamische Identität zur Schau stellen. Die

Diskriminierungen und Verfolgungen, unter denen die Juden immer wieder zu leiden hatten, machen es verständlich, dass die meisten von ihnen darauf bestehen, ein Volk zu sein. So gute Gründe es auch geben mag, den Mythos vom Volk abzulehnen, die Tatsache bleibt bestehen, dass er entscheidend zum Überleben des Judentums beigetragen hat. Rabinovici fragt zu Recht: „welchen Sinn hätte das Selbstbestimmungsrecht der Völker, wenn die Völker nicht einmal selbst bestimmen könnten, ob sie welche sind"?

Eine Gemeinschaft, gleichgültig ob sie sich auf Blut, Religion, Ideologie oder was immer sonst gründet, wird zum Problem, wenn sie sich als ein mythisches Wesen definiert, dessen Teil man ist und dem man nie und nimmer entrinnen kann. Wer deutschen Blutes war, blieb für die Nazis ein Deutscher, auch wenn er in Jugoslawien, der Tschechoslowakei, in Polen oder in Österreich lebte und sich zu seinem Staat bekannte. Die in der Diaspora lebenden Deutschen heimzuholen, war aus dieser Sicht legitim, und da war es einfacher, auch gleich die Länder, in denen sie zu Hause waren, einzustecken. Viele außerhalb des Mutterlandes lebende Deutsche ließen sich begeistert heimholen, diejenigen, die sich dagegen wehrten, wurden verfolgt. In der Auffassung fundamentalistischer Katholiken bleibt ein katholisch getaufter Mensch für immer ein Katholik. Wer aus der Kirche austritt, ist ein abtrünniger Katholik (*a lapsed Catholic*) und bleibt ein Kind der Mutter Kirche, selbst wenn er einer anderen Glaubensgemeinschaft beigetreten ist. In früheren Zeiten sorgte die Inquisition dafür, dass man die katholische Kirche nicht verließ. Und kommunistische Regime stellten Soldaten an ihren Grenzen auf, um Menschen abzuschießen, die sich des Verbrechens der Republikflucht schuldig machten. Was das Judentum von der nationalsozialistischen deutschen Blutsgemeinschaft, der katholischen Glaubens- und der kommunistischen Ideologiegemeinschaft unterscheidet, ist die Fusion von Blut und Glauben. Rabinovici verweist zwar darauf, dass es „Verquickungen ethnischer und religiöser Identität" auch woanders gibt - als Beispiel nennt er die Drusen – , aber die Juden sind zweifellos die größte und bedeutendste Gemeinschaft dieser Art. Laut Rabinovici ist „im rabbinischen Verständnis" der Sohn einer jüdischen Frau „ein Jude [...] und er bleibt es, ob er Schweinsgulasch isst, bunte Ostereier sucht oder nach Mekka pilgert". Und weiter:

> Eine vollkommen abgeschiedene Schweizer Alpensiedlung, deren Bewohner allesamt von jüdischen Müttern abstammten, bliebe nach der Halacha, nach der gesetzlichen Überlieferung der Religiösen, ein Ort von Juden, selbst wenn die Dörfler seit Generationen nichts vom Judentum wüssten und einen fremden Gott anbeteten. Kurz und gut: Sogar im Gletscher gibt es kein Entrinnen vor der Identität.

So gesehen, haben es die Juden doppelt schwer: Einerseits wurden sie zuerst von der Blut-und-Boden-Gemeinschaft der Deutschnationalen und dann von den Nazis ungeachtet aller Assimilierungsbestrebungen aus dem Deutschtum ausgeschlossen und andererseits wurde und wird ihr Übertritt zum Katholizismus oder Protestantismus und ihr Bekenntnis zur deutschen oder einer anderen Nation von den fundamentalistischen Kreisen der Juden nicht anerkannt.

Kapitel 4.8 – Schicksalsgemeinschaft

Rabinovici versucht der jüdischen Identität auf pragmatische Weise näher zu kommen:

> Die Juden sind, bei aller Vielfalt, eine Schicksalsgemeinschaft, die auf historischen und kulturellen Gemeinsamkeiten fußt. Sie verfügen über eigene Sprachen wie Hebräisch, Jiddisch und Ladino, über eine reiche Tradition von Literatur über Folklore bis Musik. Die Mehrheit der Juden bezeichnet sich als Volk, wobei lange darüber gestritten werden kann, was unter diesem Begriff zu verstehen sei, aber welchen Sinn hätte das Selbstbestimmungsrecht der Völker, wenn die Völker nicht einmal selbst bestimmen könnten, ob sie welche sind. Vielleicht ist ein Volk nichts als eine Gruppe von Menschen, die sich als ein solches sieht und genug Aufhebens darum macht, um diesen mythischen Glauben an sich selbst vertreten zu können.

Wenn man von der Beschwörung des „mythischen Glaubens an sich selbst" absieht, unterscheidet sich diese Definition wohltuend von dem völkisch-ethnisch-rassistisch-fundamentalisten Getue mancher Kreise. Man gehört einer „Gruppe von Menschen" aber nur dann voll und ganz an, wenn man sich mit ihr verbunden *fühlt*. Selbstverständlich hat jede Gemeinschaft das Recht, sich als zusammengehörige Gruppe zu deklarieren. Es wäre jedoch besser, den vergifteten Begriff des Volkes auf den Misthaufen der Geschichte zu werfen: Nation, Gemeinschaft oder die von Rabinovici hier verwendete „Schicksalsgemeinschaft" stiften weniger Verwirrung. Letzterer Begriff hat in der Tat viel für sich und kommt ohne mythische Verbrämung aus: Wenn vierzig Angehörige verschiedener Völker, Rassen, Hautfarben und Sprachgemeinschaften vierzig Tage lang in einem Boot im Stillen Ozean herumtreiben, werden sie zu einer Schicksalsgemeinschaft zusammengeschmiedet. Sie entwickeln ein starkes Zusammengehörigkeitsgefühl und eine kollektive Identität. Solange sie in diesem Boot zusammen sind, hat diese kollektive Identität Priorität vor allen anderen individuellen Identitäten. Ein Staat oder eine Nation ist wie ein Boot, das auf dem Ozean treibt und dessen Insassen aufeinander angewiesen sind. Das sollte genügen!

Oder genügt es doch nicht? Bedarf es vielleicht doch des „mythischen Glauben[s] an sich selbst", damit eine „Schicksalsgemeinschaft" überleben kann? Da der Mensch nicht so rational ist, wie die Aufklärer meinten, kann er offenbar nicht ganz auf Mythen verzichten. In der Tat gibt es Fälle, in denen eine Gemeinschaft der Mythen bedarf, um eine kollektive Identität aufzubauen. Am Beispiel Österreichs lässt sich vorführen, welch enormen Einfluss Mythen auf die Geschicke eines Landes haben können. Manche Mythen üben eine zerstörerische Wirkung aus, andere sichern das Überleben der staatlichen Gemeinschaft. Wir werden darauf in den Kapiteln 6 und 7 ausführlicher eingehen.

Kapitel 4.9 – Wer ist ein Österreicher?

Wie wenig Nationalgefühl und nationale Identität mit dem «Blut» zu tun haben und wie sehr sie von den Zufällen der Geschichte und von persönlichen Entscheidungen abhängen, zeigt sich alleine darin, dass die große Mehrheit der Wiener mit nichtdeutschen Namen sich selbstverständlich als Wiener und als Österreicher fühlen. Simon Wiesenthal war ein prominenter Fall eines Menschen, der durch eine Mischung aus Zufall und Wahl zu seiner österreichischen Identität gelangt war. Im Folgenden seien einige weitere Beispiele angeführt:

(Fürst) Paul Esterhazy, Nachfahre des Geschlechts, das als Arbeitsgeber Joseph Haydns

Weltberühmtheit erlangte, hatte nach dem Ersten Weltkrieg die Wahl zwischen der ungarischen und der österreichischen Staatsbürgerschaft. Da er die Austromarxisten fürchtete, optierte er für die ungarische. Als die Kommunisten nach dem Zweiten Weltkrieg in Ungarn an die Macht kamen, verlor er seine ungarischen Güter und wurde eingesperrt. 1956 floh er nach Österreich, wo er ebenfalls Güter besaß, und dann weiter in die Schweiz, da ihm Österreich zu nahe am Eisernen Vorhang lag. Wäre er nach 1918 Österreicher geworden, hätte er seine ungarischen Besitzungen zwar ebenfalls verloren, aber er wäre ein freier Mann geblieben und hätte die Früchte seiner österreichischen Güter ungestört genießen können. Sind/waren die Esterházys nun Österreicher oder Ungarn? Die Antwort lautet: Dies hängt einerseits von den Launen der Geschichte und andererseits von persönlichen Entscheidungen ab.

Franz Liszt, der Superstar der Musik, wurde 1811 in einem Meiereihof im burgenländischen Raiding geboren, den seine Eltern von den Esterhazys erworben hatten. Raiding lag damals im ungarischen Kronland des Kaisertums Österreich. Seit 1921 gehört das Dorf zur Republik Österreich. Die Welt kennt Liszt heute als quintessentiellen Ungarn. Dabei wird freilich übersehen, dass er erst in der Mitte seines Lebens begann, seine ungarische Identität zu konstruieren. Manuel Brug schrieb im Jänner 2011 in *profil* Folgendes über Liszt und seine Familie:

> Die Liszts fühlten sich als Österreicher, erst während der in der Revolution von 1848 gipfelnden nationalen Bewegung besann sich Franz Liszt auf seine angeblich ungarischen Wurzeln, hob seine Zigeuner-Nähe hervor, komponierte für Budapest einen Königsmarsch und ließ sich sogar einen fiktiven Adelsstammbaum andichten.

Unter Österreich verstanden die Liszts nicht das, was man heute damit meint, sondern die Gesamheit der von den Habsburgern regierten Territorien.

(Fürst) Karl Schwarzenberg entstammt einer der bedeutendsten altösterreichischen Familien. Die Schwarzenbergs kamen ursprünglich aus Mainfranken, wo noch heute ihre Stammburg steht. Als gute und kaisertreue Katholiken erhielten sie nach 1620 große Ländereien in Böhmen und kleinere in Österreich. Nach dem Ende des Ersten Weltkriegs entschieden sie sich für die tschechoslowakische Staatsbürgerschaft. Die Eltern Karl Schwarzenbergs hatten vor dem Zweiten Weltkrieg den Nazis Widerstand geleistet und sich zum tschechoslowakischen Staat bekannt, weshalb sie nach dem Zweiten Weltkrieg nicht vertrieben wurden. 1948 flüchteten sie vor den Kommunisten, die ihnen ihre Güter wegnahmen, nach Österreich, wo Karl aufwuchs, allerdings als Schweizer Staatsbürger. Nach der samtenen Revolution kehrten sie nach Tschechien zurück. Dabei mag die Aussicht, ihre von den Kommunisten konfiszierten Güter zurückzubekommen, eine Rolle gespielt haben. Karl Schwarzenberg bekennt sich zum tschechischen Staat, besitzt dessen Staatsbürgerschaft und spielt eine wichtige Rolle in der Politik seines Landes. Er spricht Deutsch und Tschechisch gleich gut. Geht man davon aus, dass die Herkunft bzw. die Geschichte eines Menschen für dessen Identität entscheidend ist, sind die Schwarzenbergs eine Mischung aus Deutschen, Österreichern, Schweizern und Tschechen, mit einem Wort, sie sind typische Mitteleuropäer. Was letztlich zählt, ist jedoch ihr Bekenntnis zur Tschechischen Republik, deren Schicksal sie aktiv mitgestalten.

Prinz Eugen von Savoyen, der als Österreichs größter Feldherr verehrt wird, war ein Zugereister, den Harald Skala auf einer Internetseite auf folgende Weise charakterisiert:

> Von der Familie her Italiener, durch Mutter und Erziehung Franzose, sein Leben lang in österreichischen Diensten war er - wie man heute sagen würde - multikulturell.

Seine dreisprachige, italienisch-deutsch-französische Unterschrift, „Eugenio von Savoy", zeigt, dass er sich, wie einer seiner Biographen, Ernst Trost, vermerkt, als mehreren Kulturen angehörender „Europäer" betrachtete. Spätere Generationen pressten ihn in ein engeres Korsett. In der

Zwischenkriegszeit war er für manche ein „Symbol der Lebensfähigkeit der Alpenrepublik", andere erblickten in ihm den „Vorkämpfer für die Einheit des Reichs" und „beanspruchten ihn für ihre Anschlussideologie", und für manche wurde er gar „zum großen Deutschen". (S. 18). Hat er nun Anspruch darauf, in die Gemeinschaft der Österreicher aufgenommen zu werden? Was immer Eugen gewesen sein mag, dem österreichischen Volk konnte er schon deswegen nicht angehören, weil es dieses nie gegeben hat. Und ein Angehöriger des deutschen Volks war er auch nicht, weder des Volks, das Herder und die Romantiker im Sinne hatten, noch des von den Blut-und-Boden-Fanatikern verehrten, «Volk» genannten mythischen Wesens. Das Heilige Römische Reich, dessen Kaisern er diente, war nicht nur deutsch, sondern umfasste große nichtdeutsche Gebiete, unter anderen auch das Herzogtum Savoyen, dem er entstammte und das heute größtenteils zu Italien gehört. Tatsache ist, dass Eugen ein loyaler Diener des *Hauses Österreich* war, dessen Großmachtstellung er zu begründen half. Tatsache ist ferner, dass das heutige Österreich von Eugens kriegerischen, politischen und kulturellen Errungenschaften zehrt und folglich auf ihn stolz ist. So gesehen war er ein guter Österreicher. Ob er von den damaligen «echten» Österreichern, vom einheimischen Adel, als einer der Ihrigen voll akzeptiert wurde, ist allerdings nicht so sicher.

Ernst Trost beschreibt die Lage des Prinzen in Wien folgendermaßen:

> Trotz seines Ruhmes ist Eugen in Wien ein Fremder geblieben. Er hat das Gesicht der Stadt mitgeprägt und geformt, aber die Stadt war nicht bereits, sich ihm hinzugeben. Er hat ihr mit dem Belvedere einen Schmuck verehrt, wie ihn kein Kaiser zu schenken vermochte, aber die Stadt hat sich ihm verweigert. Unter den Feudalherren der Monarchie blieb Eugen ein Außenseiter. Seinem Kreis gehörten vor allem Fremde an. (S. 176).

Zum richtigen Österreicher wurde Eugen erst in den Jahrzehnten und Jahrhunderten nach seinem Tod. Die Geschichte hat schließlich die Integration vollzogen, die dem größten Kriegshelden Österreichs zu seinen Lebzeiten versagt geblieben war. Zitieren wir noch einmal Ernst Trost:

> Längst ist der Savoyer, der Flüchtling, der Fremdling, der immer ein Außenseiter war, völlig austrifiziert worden. Die Vielschichtigkeit des Österreichertums, in Eugen nimmt sie Gestalt an. (S. 336).

Paul Lendvai, der bekannte Journalist, wurde in Budapest geboren und flüchtete nach dem Aufstand der Ungarn von 1956 nach Österreich. Seit 1957 lebt er in Wien. Er nahm die österreichische Staatsbürgerschaft an, nennt sich selbst einen Zugereisten und bekennt sich zu seiner neuen Heimat. Ich zitiere sein Bekenntnis zur Gänze:

> Nun, ich fühle mich trotz meiner Jugend in Budapest und trotz meines unauslöschlichen ungarischen Akzents auf ganz sentimentale Weise vor allem in Krisensituationen als Österreicher, als ein Zugereister, der diesem Österreich und seinen Menschen, die ihm nicht nur einen Reisepass, sondern in „finsteren Zeiten" (Bertolt Brecht) auch eine neue Heimat geboten haben, bis zu seinem Lebensende unendlich dankbar sein wird. Ich flüchtete nach Österreich als ein Mensch, der sich nach den eigenen jugendlichen Irrwegen für die Wahrheit und gegen die Lüge, für die unperfekte Demokratie und gegen den Versuch, den Himmel auf Erden einzurichten, entschied. Deshalb muss auch die Liebe zu Österreich eine kritische sein und bleiben. (S. 11-12).

Die Südtiroler stellen einen besonders heiklen Fall kollektiver Identität dar. Während meiner Schulzeit in den späten fünfziger und frühen sechziger Jahren empörten sich viele Österreicher über die Diskriminierung der deutschsprachigen Minderheit in Italien, und es gab einige Sympathie für die von radikalen Kreisen durchgeführten Bombenanschläge. Nicht wenige betrachteten die Südtiroler als Österreicher, die nach dem Ersten Weltkrieg von ihrem Vaterland abgetrennt worden waren, so wie in den siebziger Jahren viele Südiren von den katholischen Nordiren als „our people" sprachen. Österreich agierte als „Schutzmacht" und brachte den Fall Südtirol vor die UNO. Nach allem, was ich bisher gegen den Begriff des Volks und für einen pragmatischen Staatsbegriff vorgebracht habe, sind die Südtiroler heute Italiener. Dennoch habe ich noch keinen Südtiroler getroffen, der gesagt hätte: „Ich bin Italiener." Wenn man sie als solche bezeichnet, reagieren sie zumeist leicht indigniert und sagen: „Ich bin Südtiroler". Ich vermute, dass diese Reaktion mit ihrem Verständnis von Volk zu tun hat. Natürlich sind sie keine Italiener im «völkischen» Sinne. Sie sind aber Italiener, wenn man unter Italien die Gesamtheit der italienischen Staatsbürger versteht. Sie reisen mit italienischen Pässen in der Welt herum und sitzen mit den anderen Bürgern Italiens sozusagen in einem Boot!

Bemerkenswerterweise bezeichnen sich die Südtiroler nicht als Österreicher und auch nicht als Deutsche. Als Deutsche (*tedeschi*) gelten sie nur unter Italienern, die ihnen nicht gut gesinnt sind. Wenn sie sagen: „Wir sind Südtiroler", oder „Wir sind Tiroler", dann muss man das natürlich respektieren, so wie man es zu respektieren hat, wenn ein US Amerikaner sagt, „I am an Irish American". Gegen die ethnische oder, krasser ausgedrückt, rassistische Definition des Südtirolertums spricht schon die simple Tatsache, dass einer der führenden Politiker des Landes, der langjährige Landeshauptmann von Südtirol Silvio Magnano hieß. Sein Vater war Trientiner bzw. Welschtiroler und seine Mutter Vorarlbergerin. Er wuchs in Meran und Bozen auf, die Sprache, die zu Hause gesprochen wurde, war Deutsch.

Das gegenwärtige Selbstverständnis der Südtiroler ist das Ergebnis eines historischen Prozesses, der in einem Artikel in *profil* Nr. 20, 42. Jg., 16. Mai 2011 so zusammengefasst wurde: Unmittelbar nach dem Ende des Zweiten Weltkrieg fühlten sie sich tatsächlich mehrheitlich als Österreicher: „Fast 100 Prozent der Südtiroler Wähler stimmten in einer Leopold Figl überreichten Unterschriftenliste für eine Rückkehr nach Österreich." Ganz anders verhält es sich heute:

> Nur wenige in der autonomen Provinz Bozen, in der 345.000 Deutschsprachige, 130.000 Italiener und 25.000 Dolomitenladiner ohne größere Probleme zusammenzuleben, wünschen sich noch eine Wiedervereinigung mit Österreich.

Ein halbes Jahrhundert hat genügt, die Auffassung der Südtiroler von ihrer Identität grundlegend zu ändern.

Kapitel 5 - Symbole und Rituale

Die Rituale des privaten und beruflichen Alltags sowie der kirchlichen und säkularen Festkultur sind ungeachtet der fortschreitenden Globalisierung bis heute von Land zu Land sehr verschieden. Dies macht nicht zuletzt den Reiz des Reisens aus, vor allem in Europa. Man überschreitet die Grenze von Frankreich nach Spanien oder von Österreich nach Italien, und mit einem Schlag wird vieles ganz anders. Nicht nur die Sprache ändert sich, die Häuser sehen anders aus, an das Essen und die Ess-gepflogenheiten muss man sich gewöhnen, und die Menschen gehen anders miteinander um. Touristen, die eben in Spanien angekommen sind und um sieben Uhr zu Abend essen wollen, müssen lernen, bis neun oder zehn Uhr zu warten, denn erst dann öffnen die Restaurants ihre Tore. Was fängt man mit einer italienischen Speisekarte an, auf der *Primi Plati, Antipasti, Segundi Plati* und *Dolci* angeboten werden? Ist es üblich, von jedem Gang etwas zu essen, oder ist es akzeptabel, z.B. nur einen *Primo Plato* und eine *Antipasta* oder einen *Primo Plato* und einen *Segundo Plato* zu wählen, ohne dadurch als nordischer Barbar aufzufallen? Sind die serbischen Männer, die bei der Begrüßung einander auf den Mund küssen, Homosexuelle? Wenn dem so wäre, dann gäbe es in Belgrad eine beachtliche Menge davon. In Österreich und Deutschland reicht man einander bei jedem Treffen und jeder Verabschiedung die Hand, in England und Irland tut man dies nur, wenn man einander vorgestellt wird oder wenn man sich sehr lange nicht mehr gesehen hat. Ansonsten begrüßt und verabschiedet man sich ohne Händeschütteln mit einem *hello, see you soon* und dgl. In Österreich ist es wichtiger, sich den Titel einer Person als ihren Namen zu merken. Hat man ihren Namen vergessen, empfiehlt es sich, sie mit *Herr* oder *Frau Doktor* anzureden, dann kann nicht viel schiefgehen. In Irland spricht man einander mit Vornamen an, selbst wenn man sich zum ersten Mal im Leben begegnet. Als ich vor vielen Jahrzehnten um einen Kredit für den Kauf eines Hauses in Dublin ansuchte, nannte mich der Bankmanager nach fünf Minuten „Herbert". Der Installateur, der in Österreich das Haus des Kunden betritt, reicht ihm oder ihr die Hand und sagt *Grüß Gott, Frau Doktor,* und natürlich erwartet er seinerseits, mit *Herr Gruber* angesprochen zu werden. In Irland wäre er sehr erstaunt und vermutlich sogar beleidigt, redete man ihn anstatt mit *John* mit *Mr. Smith* an, und er wird seinerseits den Herrn oder die Dame des Hauses beim Vornamen nennen. Als ich im German Department der University of Strathclyde in Glasgow arbeitete, war es unter den Kollegen des Departments vom Abteilungsleiter bis zum *temporary assistant* üblich, miteinander per Vornamen zu verkehren. Das Englische hat den

Vorteil, dass *you* sowohl für *Du* als auch für *Sie* steht. Unterhielten wir uns aber auf Deutsch, stellte sich die leidige Du-oder-Sie-Frage. Wir lösten sie, indem wir einander per Vornamen und per Sie anredeten: *Guten Morgen, Hans, wie geht es Ihnen?*

Die Rituale des Alltags wirken sich auf den Lebensstil und auf die Lebensqualität einer Gemeinschaft aus. Es ist ein großer Unterschied, ob bei einem Abendessen in der Wohnung von Freunden alle Gäste miteinander per Vornamen verkehren oder erwarten, mit *Herr Professor, Frau Doktor, Herr Ingenieur* und dgl. angeredet zu werden. Einladungen in irischen Häusern sind in der Regel gemütlicher, weil es weniger steif zugeht als in Österreich. Die Titelsucht scheint typisch österreichisch zu sein. Die Österreicher lassen sich ihre Titel und Berufe sogar auf ihre Grabsteine meißeln. Kein Ire verfiele auf die Idee, sich als Bankdirektor, Dipl. Ing. Oder Univ. Prof. verewigen zu lassen. Der Tod ist dort demokratischer: Der Name alleine genügt vollkommen. Es ist ferner nicht gleichgültig, ob man nach der Arbeit um fünf Uhr in ein Pub oder in ein Kaffeehaus geht und man dort zum Kaffee ein Glas Wasser erhält und stundenlang ungestört Zeitungen lesen kann oder nicht. Lässt man die Existenz eines Systems charakteristischer Rituale und Gepflogenheiten als Beweis nationaler Identität gelten, dann kann man getrost behaupten, dass das heutige Österreich, ebenso wie beispielsweise Irland, über eine eigene Identität verfügt.

Staaten, Regionen, Stämme, bedeutende Familien, religiöse Orden, militärische Vereinigungen, Sportvereine und andere Gemeinschaften stellen ihr Wesen mittels Symbolen und Ritualen zur Schau. Man schart sich um eine Fahne und singt eine Hymne, man grüßt einander auf eine bestimmte Weise, nimmt an denselben Feiern teil und führt die dazugehörigen Rituale durch. Die Feiern, Zeremonien, Gebräuche, Fahnen, Lieder, Wappen, Ordenskleider, Uniformen, Trachten, Rangabzeichen, Medaillen und dgl. drücken die gemeinsame Identität aus und festigen sie. Die Gesamtheit der Symbole lässt sich mit einer Sprache vergleichen. Von der Sprache im engeren Sinne wird im Kapitel 7.6 die Rede sein. Hier beschäftigt uns das System der einer Gemeinschaft eigenen Rituale und Symbole. Dazu gehören so harmlose Verrichtungen wie der Besuch des Heiligen Nikolaus auf Kinderfesten und das Versenden von Weihnachtskarten, das Anzünden der Kerzen auf dem Christbaum oder die Suche nach den im Garten versteckten Ostereiern. Es mag lächerlich scheinen, aber es gibt Menschen, die sich von Gebräuchen dieser Art bedroht fühlen. In den USA ist es verpönt, „Frohe Weihnachten“ (*Happy Christmas*) zu wünschen, da dies Nichtchristen beleidigen könnte. Also wünscht man statt dessen „Glückliche Festtage“ (*A Happy Festive Season*) oder

Ähnliches. Um potentiellen Konflikten mit mohammedanischen Kindern oder vielmehr mit deren Eltern vorzubeugen, darf in den zumeist multikulturellen Kindergärten der Gemeinde Wien der Heilige Nikolaus nicht auf den Kinderfesten am 5. Dezember auftreten.

Kapitel 5.1 – Fahnen, Kreuze, Kopftücher

Die Identifikation mit den Symbolen und Ritualen einer Religion, eines Landes oder sonst irgendeiner Gemeinschaft ist im Normalfall nicht besonders intensiv. Die meisten Menschen haben ein mehr oder weniger entspanntes Verhältnis zu den Symbolen ihrer Kultur. Stellt sich jedoch bei einer Gruppe von Menschen das Gefühl ein, dass ihr fremde Symbole oder Rituale aufgedrängt werden oder dass man die Symbole ihrer Kultur nicht respektiert, kann sich das sehr schnell ändern: Der Heilige Nikolaus wird zum Feind, die Weihnachtswünsche werden zur Beleidigung. Das von der Gemeinde Wien praktizierte Ausweichen vor Konflikten, die beispielsweise der Besuch des Heiligen Nikolaus im Kindergarten auslösen könnte, ist allerdings eine schlechte Lösung, da nun wiederum viele Angehörige der christlich gefärbten Mehrheitskultur das Gefühl bekommen, im eigenen Land diskriminiert zu werden. Gefährlich wird es, wenn sich jemand untersteht, ein Symbol herabzuwürdigen, ein Ritual lächerlich zu machen oder einen kultischen Ort zu schänden oder zu zerstören, z.B. eine Fahne in den Schmutz zu ziehen, ein Kreuz zu verbrennen oder die Fenster einer Kirche oder Synagoge einzuschlagen. Wenn es in einer Gesellschaft Spannungen zwischen den Angehörigen verschiedener Religionen oder ethnischer Gruppierungen gibt, versucht der Staat mitunter die Situation dadurch zu entschärfen, dass er die Zur-Schau-Stellung identifikationsbildender Symbole und die Abhaltung politisch umstrittener Zeremonien in der Öffentlichkeit untersagt. Er verbietet das Hissen bestimmter Flaggen, das Tragen religiöser Symbole wie mohammedanischer Kopftücher, das Anbringen von Kreuzen im Klassenzimmer oder den Bau von Kirchen oder Moscheen. Solche Verbote erweisen sich oft als konterproduktiv. Solange sie keinen Grund haben, darüber nachzudenken, bedeutet den Christen das Kreuz im Schulzimmer oder den Mohammedanerinnen ihr Kopftuch nicht allzu viel. Kreuz und Kopftuch gehören einfach zum täglichen Leben. Wenn jedoch die Behörden eines Landes den Mohammedanerinnen verbieten, ihr Kopftuch in einer staatlichen Schule zu tragen, oder verfügen, dass die Kreuze aus den Schulzimmern zu entfernen seien, erlangen diese Dinge plötzlich eine Bedeutung an, die ihnen vorher nicht zukam. Als der Straßburger Gerichtshof am 3. November 2009 entschied, dass das Kreuz in den Klassenzimmern Italiens gegen europäisches Recht verstoße, schrie das ganze Land auf. Mit einem Mal besann man sich der christlichen Grundlagen, auf denen das italienische Staatswesen, ja ganz Europa und das gesamte Abendland angeblich beruhe. Es schien, als ob die Straßburger Entscheidung das Wertgebäude unserer Kultur ins Wanken gebracht habe. Auch in Österreich, wo ein 1933 unter der austro-faschistischen Regierung mit dem Vatikan geschlossenes Konkordat u.a. festlegt, dass in Schulen, in denen mehr als 50 Prozent der Schüler Katholiken sind, ein Kreuz in den Klassenzimmern hängen solle, sahen sich einige Bischöfe nach der Entscheidung des Straßburger Gerichtshofes veranlasst, die Bevölkerung vor der Erschütterung der Grundlagen unserer Kultur zu warnen, die durch die Entfernung des Kreuzes aus den Schulen ausgelöst würde. Gleichzeitig macht sich in vielen europäischen Ländern immer mehr Unmut gegen die Einwanderung von Mohammedanern breit. Viele fürchten, dass sich die islamischen Kulturzentren zu Zellen eines militanten Fundamentalismus entwickeln könnten, sie empfinden Kopftücher und Minarette als latente Aggression und bekämpfen sie. In Frankreich gab es einen beispielhaften Streit darüber, ob mohammedanische Schülerinnen das Kopftuch, das sie ihrer Religion zufolge zu tragen verpflichtet sind, in einer staatlichen Schule aufbehalten dürfen. In Österreich, wo es 400.000 Mohammedaner und nur drei Minarette gibt, wird jedes Ansuchen um Genehmigung der Errichtung eines weiteren Minaretts oder der Vergrößerung eines islamischen Kulturzentrums zu einem volkserregenden Politikum. In der Schweiz wurde am 30. November 2009 per Volksabstimmung das Verbot der Errichtung von Minaretten, von denen es bis dato vier gibt, in die Verfassung aufgenommen. Nun überlegt man dort, ein weiteres Referendum abzuhalten, welches zum Verbot des Tragens von Burkas führen soll. In Frankreich ist das inzwischen geschehen. Auch in Österreich wird von manchen Politikern das Burkaverbot gefordert, obwohl die wenigsten von ihnen jemals eine Burka gesehen haben, weil sie in Österreich kaum jemand trägt.

Was kann eine säkularisierte, auf der Trennung von Kirche und Staat beruhende Gesellschaft tolerieren, und was soll sie verbieten, ohne gegen ihre eigenen Prinzipien zu verstoßen? Man vergesse nicht, dass die von der Aufklärung geforderte und in der Französischen Revolution verwirklichte Trennung von Kirche und Staat ursprünglich den Zweck hatte, die Meinungs- und Religionsfreiheit zu garantieren. Ein Staat wie Frankreich, der den Religionsunterricht und die Zur-Schau-Stellung religiöser Symbole in einem staatlichen Gebäude verbietet, tut dies nicht, um die Religionsausübung einzuschränken, sondern um sicher zu stellen, dass keine Religion über eine andere triumphiert und diese an den Rand drängt. Frankreich ist in diesem Punkt besonders unerbittlich. Andere Länder verfahren milder, oder, wenn man will, pragmatischer oder einfach schlampiger. In den meisten österreichischen Klassenzimmern hängt zwar auf Grund des oben erwähnten Konkordats ein Kreuz, aber nicht nur Nonnen und Priester dürfen die Schule in ihrem geistlichen Gewand betreten, sondern auch Mohammedanerinnen dürfen ihr Kopftuch aufbehalten. Das Kreuz im Klassenzimmer zeigt an, dass mehr als die Hälfte der SchülerInnen Katholiken sind, aber gleichzeitig wird dafür gesorgt, dass die Katholische Kirche Protestanten, Mohammedaner und Juden nicht vereinnahmt, und dass alle Schüler den ihnen zustehenden Religionsunterricht erhalten.

Ich frage mich, ob ein Staat, der die Meinungs- und Religionsfreiheit auf seine Fahnen geschrieben hat, weise handelt, wenn er die Zur-Schau-Stellung religiöser Symbole und das Feiern religiöser Feste in staatseigenen Räumen untersagt. Stellt das Kreuz im Klassenzimmer wirklich eine Beleidigung der Gefühle von Nichtchristen dar? Warum soll in einer staatlichen Schule ein Katholik keine mit einem Kreuz versehene Halskette, eine Mohammedanerin kein Kopftuch, eine Nonne nicht ihr Nonnengewand und ein Mönch nicht seine Kutte tragen dürfen? Welche Gefahr droht Mohammedanern oder Atheisten, wenn ein als St. Nikolaus verkleideter Mann den Kindergarten betritt? Gehören die Anerkennung der persönlichen Identität, das Recht auf freie Meinungsäußerung und auf die Ausübung der eigenen Religion nicht zu den Grundprinzipien der aufgeklärten Gesellschaftsordnung der westlichen Welt? Was tut eine Nonne, die ihr Nonnengewand trägt, anderes als sich öffentlich als Nonne zu deklarieren? Muss man dahinter sofort eine Machtdemonstration oder eine Drohung wittern? Wie ist es zu vereinbaren, dass man jemandem einerseits zugesteht, seine Religion ungehindert auszuüben und ihm andererseits verbietet, seine Religiosität öffentlich zu bekunden? Wie kann denn eine mit einem Kreuz versehene Halskette Nichtchristen beleidigen, wie kann ein Tuch auf dem Haupt einer Mohammedanerin die Gefühle von Anders- oder Ungläubigen verletzen? Was jemand auf seinem Körper trägt, geht, so würde man meinen, niemanden etwas an. Christen erwürgen mit ihren Halsketten keine Mohammedaner und Mohammedanerinnen ersticken mit ihren Kopftüchern keine Christen. Worauf es ankommt, ist, dass keine Zwangsbekehrungen stattfinden und dass niemand verpflichtet wird, religiöse Symbole tragen, dass man nicht, wie zum Beispiel in Wien während der zweiten Türkenbelagerung 1683, öffentlich beten muss, und dass dafür gesorgt wird, dass Juden, Mohammedaner und Christen und Mitglieder aller anderen Religionsgemeinschaften das Recht und die Gelegenheit haben, in ihrem Glauben unterwiesen zu werden, sofern sie dies wünschen. Katholiken beteuern ja immer wieder, dass das Kreuz im Klassenzimmer nicht als Bedrohung der nichtchristlichen SchülerInnen gemeint sei, und Mohammedaner versichern uns, dass mit dem Bau einer Moschee keine Unterdrückung der christlichen Kultur angestrebt werde. Warum fällt es beiden Seiten so schwer, einander zu glauben? Die Diskussion dieser und ähnlicher Fragen wird oft hitzig und polemisch, also unsachlich geführt und macht viel böses Blut. Bedauerlicherweise sind es in erster Linie die Politiker, die sich in diese Debatten einmischen und sie anheizen. Ihnen geht es selten um die Sache, sondern meist nur um Wählerstimmen.

Inzwischen hat der Österreichische Verfassungsgerichtshof entschieden, dass das Kreuz in Klassenzimmern auch in Zukunft hängen darf und dass das Feiern christlicher Feste in Kindergärten oder Schulen nicht der Verfassung widerspricht. Diese Entscheidung folgte der Klage eines atheistischen Vaters in Niederösterreich, der sich durch das Kreuz im Kindergarten in seinen Menschenrechten verletzt fühlte. Der Verfassungsgerichtshof begründete das Urteil damit, dass in Österreich Kirche und Staat strikt getrennt seien und deshalb das Kreuz im Klassenzimmer nicht als Bevorzugung einer bestimmten Religion aufgefasst werden könne. Nikolausfeste und andere christliche Feiern seien ebenfalls nicht verfassungswidrig, da niemand verpflichtet sei, an ihnen teilzunehmen. Es bleibt zu hoffen, dass dieses Urteil u.a. dazu führt, dass der Heilige Nikolaus wieder die Kindergärten der Gemeinde Wien mit Äpfeln und Nüssen beglücken darf.

Kapitel 5.2 - Feiern

Wenngleich das Nikolausfest einem Heiligen der christlichen Kirche gilt, mischen sich auch heidnische Elemente in das Fest hinein. Der Krampus, der in Österreich den Heiligen Nikolaus begleitet, ist ein teufelähnliches, dämonisches Wesen, das die bösen Kinder mit der Rute bedroht und früher auch in seine Butte gesteckt und davongetragen hat. Auch in den zum Osterfest gehörenden Ritualen mischen sich Christliches und Heidnisches. Die gefärbten Ostereier und der Osterhase sind alte Fruchtbarkeitssymbole, das Osterlamm, das man verzehrt, erinnert natürlich an Christus, aber ebenso an heidnische Blutopfer. In Ost- und Mitteleuropa ist es üblich, gefärbte Eier auf einen Osterbaum zu hängen. Der Tanz um das Bett der Person, die am Palmsonntag am längsten schläft und zum „Palmesel" erklärt wird, das Suchen der Ostereier im Garten sind kulturelle Rituale mit einer gemeinschaftsbildenden Funktion. Rituale sind an bestimmte Zeiten und oft auch an Orte gebundene Verrichtungen, mittels deren man bedeutende historische, mythische oder naturgesetzlicher Ereignisse feiert. Religiöse und weltliche Feste und Rituale strukturieren den Ablauf der Zeit: Fastenperioden, Pilger- und

Wallfahrten, die Besuche von Konzerten, Opern und Theatern verlaufen auf eine durch Tradition geregelte Weise und sind häufig an bestimmte Daten gebunden: Um die Osterzeit besucht man in Österreich und Deutschland die Aufführung einer der Passionen von Johann Sebastian Bach, um die Silvesterzeit wird *Die Fledermaus* in der Staatsoper aufgeführt, am Neujahrstag findet das Neujahrskonzert der Wiener Philharmoniker im Musikvereinssaal statt. Festlichkeiten dieser Art stellen sicher, dass von Geschichte und Mythos überlieferte bedeutende Ereignisse, Personen und Werke in der kollektiven Erinnerung weiterleben: In diesen Zusammenhang gehören auch die meisten Festspiele. Sie widmen sich der Pflege der Werke Mozarts, Haydns, Schuberts, Shakespeares, bedeutender Filmregisseure u.v.a. Die alljährlichen Bayreuther Festspiele unterscheiden sich nicht allzu sehr von religiösen Pilgerfahrten. Der von seiner Gemeinde fast göttlich verehrte Richard Wagner ist eine weltweite Kultfigur geworden, von der zeitweise mindestens so gefährliche Wirkungen ausgingen wie von Osama Bin Ladin. Das Abhalten von religiösen und weltlichen Festen und die Durchführung der entsprechenden Rituale haben Spielcharakter. Jan Huizinga vertrat die These, dass alle Kultur auf dem Spiel aufbaut. Für ihn ist das Spiel ein menschliches Konstituens, genauso wie das Denken oder das Erschaffen: Neben dem *homo sapiens* und dem *homo faber* gibt es den *homo ludens*. Alle drei zusammen erst machen den ganzen Menschen aus.

Viele Feste und Feiern werden mit Prozessionen und Aufmärschen begangen. Man denke etwa an die immer noch beliebten Fronleichnamsprozessionen der katholischen Kirche oder an die Prozession der *Semana Santa* in Spanien. Auch Pilgerreisen und Wallfahrten nehmen häufig einen prozessionsähnlichen Charakter an. Die politischen Machthaber haben von der Kirche gelernt und begriffen, dass öffentliche Aufmärsche dazu benützt werden können, die Gefühle der Massen in eine gewünschte Richtung zu lenken. In der Zeit zwischen den beiden Weltkriegen waren alle politischen Parteiungen bemüht, den Zusammenhalt ihrer Anhänger durch Aufmärsche zu stärken und der Welt zu zeigen, dass man unüberwindlich war. Die Kommunisten, die austrofaschistische Heimwehr, der sozialistische Schutzbund und die Nationalsozialisten marschierten in Österreich um die Wette und demonstrierten ihre feste Entschlossenheit, die Gesellschaft nach ihrem Willen zu gestalten. Am besten aber verstanden es die Nazis, die Massen mit ihren Aufmärschen zu begeistern. Ihre Paraden waren hervorragend choreographiert und verliehen den an ihnen teilnehmenden Menschen das Gefühl, deutsche Herrenmenschen und Teil einer einzigartigen, die Welt demnächst beherrschenden Volksgemeinschaft zu sein. Diese Aufmärsche dienten der Stärkung des infolge des verlorenen Ersten Weltkrieges schwer angeschlagenen deutschen Nationalgefühls. Sie waren aber nicht nur darauf angelegt, den Patriotismus und das Zusammengehörigkeitsgefühl der Deutschen zu fördern; ebensogut waren sie Demonstrationen der Macht und damit eine Drohung gegen alle, die sich dieser Macht nicht fügen wollten oder konnten. Mit dem Ende der Naziherrschaft verschwanden nicht nur die Aufmärsche, sondern für lange Zeit auch das deutsche Nationalgefühl. Die Aufmärsche der Nazis, der Heimwehr und des Schutzbundes sind heute Geschichte. Immer noch aber findet in Wien am 1. Mai die große Parade der Sozialdemokraten statt. Hier haben die Genossen die Gelegenheit, sich zu ihrer Ideologie zu bekennen und ihre Identität als Gemeinschaft zu festigen. Wurde zwischen den Kriegen und auch noch in den Jahren nach der Wiedererrichtung der Republik auf die in den Gemeindebauten lebenden und in den Betrieben der Stadt Wien arbeitenden Menschen ein gewisser Druck ausgeübt, bei den Paraden des 1. Mai mitzumarschieren (es wurde jedenfalls bemerkt und nicht gutgeheißen, wenn sich jemand absentierte), ist die Wiener 1. Mai Parade heute ein Volksfest, an dem viele Menschen ohne jeden Zwang teilnehmen.

Während die Paraden des 1. Mai, die Aufmärsche des Schutzbundes, der Heimwehr und der Nazis für die Ausgrenzung nicht erwünschter Elemente der Gesellschaft instrumentalisiert werden konnten und auch wurden, vereinen die in Irland, den USA und Australien alljährlich am 17. März stattfindenden St. Patrick's Day Paraden die Gesamtheit der in aller Welt lebenden Iren, ohne irgend jemand zu bedrohen. Die größte *St. Patrick's Day Parade* findet nicht in Dublin, sondern in New York statt. Auch die Parade in Chicago kann sich sehen lassen. Da Grün die nationale Farbe der „Grünen Insel" ist, wird dort der Chicago River grün gefärbt, und die Menschen tragen grüne Hüte, grüne T-Shirts oder kleben sich grüne Nasen auf, und natürlich wird auch tüchtig getrunken, be-sonders das als Nationalgetränk verherrlichte *Guinnes* und der irische Whiskey (das „e" ist ein wichtiges Merkmal, das ihn vom schottischen Whisky unterscheidet!). Es stört niemanden, dass die Guinnes Brauerei bis in die Mitte des 20. Jahrhunderts ein anglo-irisches und folglich protestantisches Unternehmen war, in dem Katholiken, also die alteingesessenen Iren, nur untergeordnete Positionen einnehmen durften, und dass die *Irish Destillers,* die den irischen Whiskey herstellen, bereits vor vielen Jahren von der französischen Pernot Gruppe aufgekauft wurden. Der St. Patrick's Day ist das vielleicht schönste Beispiel eines nationalen Volksfestes, das von keiner Macht angeordnet und folglich nicht politisch missbraucht werden kann. Ebenfalls mit dem Heiligen Patrick zu tun hat die Wallfahrt auf den Croagh Patrick, einen wunderbaren Aussichtsberg in County Mayo in der Republik Irland.

Die Legende erzählt, dass St. Patrick vierzig Tage auf diesem Berg verbrachte und fastete. Im Gedenken an dieses mythische Ereignis steigen jedes Jahr am letzten Sonntag im Juli tausende von Wallfahrern auf den Gipfel. Es ist eine Pilgerfahrt, die den Teilnehmern Gelegenheit gibt, für ihre Sünden zu büßen und nebenbei Freunde zu treffen und Spaß zu haben. Wer den Büßeraspekt ernst nimmt, besteigt den Berg barfuß. Der Weg ist steil und steinig, und wer gute Bergschuhe trägt, benötigt etwa zwei Stunden für den Aufstieg und eineinhalb Stunden für den Abstieg. Eine bloßfüßige Wallfahrt ist eine Tortur und bedeutet ein echtes Opfer.

Paraden, die bis vor kurzem auch noch im demokratischen Europa Furcht und Schrecken verbreiteten und selbst heute noch weit davon entfernt sind, harmlose Volksvergnügungen zu sein, sind die alljährlich im Juli in Nordirland stattfindenden Aufmärsche, mit denen der *Battle of the Boyne* und anderer mit den Glaubenskriegen verbundener kriegerischer Ereignisse gedacht wird. In der berühmt berüchtigten *Marching Season* feiern die nordirischen Protestanten, die für die Union Nordirlands mit Großbritannien eintreten und sich als *Unionists* bezeichnen, den 1790 von William of Orange über James II. in der Schlacht an der Boyne errungenen Sieg, durch welchen ihre Vorherrschaft in Irland für Jahrhunderte gefestigt wurde. Seitdem Südirland seine Unabhängigkeit erlangte, ist es dort mit der Vorherrschaft der Protestanten zu Ende. Umso verbissener halten sie an der Dominanz ihrer Religion und Kultur im britischen Norden der Insel fest. Die von ihnen veranstalteten Aufmärsche sind keine fröhlichen und harmlosen Volkfeste, ihr Hauptzweck ist es bis heute, die katholische Minderheit einzuschüchtern und ihr zu zeigen, wer im Land das Sagen hatte. So bestanden die Organisatoren der Märsche darauf, durch katholische Wohngebiete zu marschieren. Katholiken taten an diesen Tagen gut daran, sich so unsichtbar wie nur möglich zu machen, wenn sie nicht riskieren wollten, vom protestantischen Mob verprügelt zu werden. Alle Appelle der Vertreter der Katholiken an die britische Regierung, den Unionisten den Durchmarsch durch katholische Bezirke zu verbieten, blieben lange Zeit vergeblich, da sich keine Regierung mit der in Nordirland herrschenden Mehrheit anlegen wollte. Während viele Jahrzehnte hindurch die Unionisten mit ihren Trommeln und Bannern durch die katholischen Wohnviertel zogen und sich über jeden Versuch, sie daran zu hindern, empörten, war es den Katholiken Nordirlands nicht gestattet, ihre Identität durch die Abhaltung von St. Patrick's Day Paraden zu feiern. Hätten sie dennoch darauf bestanden und wären sie gar mit ihren grünen Hüten und irischen Fahnen durch protestantische Wohngebiete gezogen, wäre es höchstwahrscheinlich zu einem Blutbad gekommen. Erst der britische Premierminister Tony Blair bereitete dem Spuk ein Ende, als er die Armee einsetzte, um den marschierenden Unionisten den Zugang zu den katholischen Wohngebieten zu versperren. Unter der Regierung Blair kam es schließlich zum *Good Friday Agreement* und zur friedlichen Lösung des nordirischen Konfliktes. Trotzdem bietet die *Marching Season* bis heute immer wieder einen Vorwand für spontane Gewaltausbrüche.

Prozessionen besonderer Art finden in ganz Spanien während der *Semana Santa*, der Woche vor Ostern, statt. Ihre Tradition reicht bis ins Mittelalter zurück. Im 13. Jahrhundert fanden am Donnerstag und Freitag vor Ostern theatralische Darstellungen statt, die als Ergänzung zu den Texten der Evangelien gedacht waren. 1236 erließ König Alfonso X. von Kastilien ein Gesetz, in welchem das Ziel dieser szenischen Darstellungen definiert wurde: Sie sollten dazu ermutigen, gut zu handeln, die Frömmigkeit zu fördern und die Erinnerung an die Vergangenheit zu bewahren. Dahinter stand die Absicht, die populären in die Repräsentationen eingeschobenen burlesken und mitunter obszönen Szenen einzudämmen. Besonders empfohlen waren Darstellungen der Fußwaschungen der Apostel, des Kreuzwegs, der Kreuzigung, der Bewachung des Grabes Christi durch römische Soldaten, sowie der Erschaffung der Welt und der Vertreibung aus dem Paradies. In der Zeit der Gegenreformation ging man daran, hölzerne Skulpturen zu errichten, die auf den Schultern starker Männer in den Prozessionen getragen wurden. Sie ersetzten im Laufe der Zeit die szenischen Darstellungen. Auf diese Weise wurde das Problem der unliebsamen burlesken und anzüglichen theatralischen Einlagen aus der Welt geschafft. Die Prozessionen wurden und werden von *cofradías* (Bruderschaften) organisiert. Die Teilnehmer der Umzüge sind mit Ku-Kux-Klan ähnlichen Kapuzen vermummt und damit unkenntlich. Sie bilden einen unheimlichen Anblick und verleihen zusammen mit der schauerlichen Katzenmusik den Prozessionen einen sinistren Charakter. Möglicherweise war das ursprünglich auch so gemeint: Vielleicht wollte man nicht nur die katholische Glaubensgemeinschaft feiern, sondern gleichzeitig die nicht von den Segen der alleinseligmachenden Kirche Überzeugten, insbesondere die nach dem Sieg über die Mauren weiterhin im Land lebenden Mohammedaner und Juden einschüchtern. Die katholischen Könige, Ferdinand und Isabella, vertrieben denn auch sehr bald die Juden und Mohammedaner aus Granada. Als Spanien juden- und maurenfrei geworden war, konnte der bedrohliche Charakter dieser Prozessionen allmählich dem harmloser Volksfeste weichen. Was immer die Geschichte dieser Prozessionen auch sein mag, heute haben Einheimische und Touristen ihre Freude an ihnen. Sie haben sich in den letzten Jahrzehnten im ganzen Land verbreitet und haben trotz der Ku-klux-Klan Kapuzen und der Katzenmusik nichts Furchterregendes mehr an sich. Obwohl im heutigen Spanien nur mehr sehr wenige Menschen die Kirche besuchen, nimmt an den Prozessionen der *Santa Semana* die gesamte Bevölkerung teil. Man muss kein Katholik sein, um mitzumachen. Nicht die Kirche, sondern die aus Laien bestehenden *cofradías* organisiert sie. So haben sich die Prozessionen der *Semana Santa* zu Manifestationen der spanischen Identität entwickelt:

> En una sociedad moderna y crecientemente globalizada, donde los individuos se sienten cada vez más huérfanos de referencias, cobran especial relevancia aquellos rituales, fiestas y símbolos en los cuales puede visualizarse e interiorizarse la pertenencia a un determinado colectivo, el nosotros local. Es esta reafirmación de la identidad, realizada a través de las vivencias, sensaciones estéticas y reactivación de la memoria, lo que hace vivir intensamente la Semana Santa a gentes que no son creyentes o practicantes. (Website)

> [In einer modernen und zunehmend globalisierten Gesellschaft, in der sich die Individuen immer mehr desorientiert fühlen, erlangen diese Rituale, Feste und Symbole eine besondere Bedeutung: Mit ihrer Hilfe wird die Zugehörigkeit zu einer bestimmten Gemeinschaft, zu unserem eigenen Ort, sowohl verinnerlicht als auch sichtbar gemacht. Es ist diese erneute Bestätigung der Identität, die über die (sinnliche) Erfahrung, die ästhetischen Empfindungen und die Wieder-

belebung der Erinnerung erfolgt, welche bewirkt, dass die Semana Santa auch von Menschen intensiv erlebt wird, die keine gläubigen oder praktizierenden Katholiken sind. (Übersetzt von HH)]

Kapitel 5.3 – Ortstafeln

Kopftücher und Minarette gehören in mohammedanischen Ländern zum Alltagsbild wie Kreuze und Kirchtürme in vom Christentum geprägten Staaten. Obwohl sie so alltäglich sind, dass die Bewohner dieser Länder kaum von ihnen Notiz nehmen, sind sie Ausdruck einer bestimmten geistigen und religiösen Haltung. Dass auch Ortstafeln diese Funktion zuzukommen vermag, wurde in Kärnten offensichtlich. In dem erst vor kurzem nach jahrzehntelangem Ringen endlich gelösten Kärntner Ortstafelstreit ging es um das Recht der slowenischen Minderheit, ihre Identität gegenüber der deutschsprachigen Mehrheit zu behaupten. Die feindselige Haltung der Mehrheit war Ausdruck der Angst, dass ihre Identität durch die Andersartigkeit der Minderheit gefährdet werden könnte. Dass diese Angst schon wegen der geringen Zahl der in Kärnten lebenden Slowenen vollkommen absurd war, schaffte sie nicht aus der Welt. Die Sprache gilt wohl zu Recht als das wichtigste und offensichtlichste Identitätsmerkmal einer Gemeinschaft, einer ethnischen Gruppe oder einer Nation. Anders als in den britischen, französischen und spanischen Imperien blieb die sprachliche Identität der von Habsburg regierten Länder weitgehend unangetastet. Es ist wahrhaftig ein Trauerspiel, dass ausgerechnet die Republik Österreich, die sich so gern als Verwalter und Bewahrer des kulturellen Erbes des habsburgischen Vielvölkerstaates darstellt und feiern lässt, solche Schwierigkeit damit hatte, die im Staatsvertrag verbrieften Rechte einer Minderheit durchzusetzen. Geradezu erbärmlich waren die von der Rechten inszenierten juristischen Manöver und Tricks, mit denen die Umsetzung der Bestimmungen über zweisprachige Ortstafeln in Kärnten immer wieder verhindert wurde. Ein vernünftiger Mensch kann sich nur darüber wundern, dass dieselben rechtsgerichteten Parteien und Gruppierungen, die bis vor kurzem den slowenischen Österreichern ihre Ortstafeln verweigerten, in den sechziger Jahren lautstark für das Recht der Südtiroler auf Bewahrung ihrer kulturellen Identität und auf zweisprachige Ortstafeln eintraten. Dass die Italiener lange Zeit nicht bereit waren, den Südtirolern die Autonomie zuzugestehen, hatte mit der Furcht zu tun, dass jedes auch nur kleinste Zugeständnis die vollständige Loslösung Südtirols von Italien einleiten könnte. Dies ist nicht nur nicht geschehen, sondern das Gegenteil ist eingetreten: Die Südtiroler stehen heute dem italienischen Staat positiver gegenüber als noch vor einigen Jahrzehnten. So verständlich die Ängste italienischer Politiker bis zu einem gewissen Grad gewesen sein mögen, in Kärnten waren sie vollkommen unangebracht, da die Mehrheit der dort lebenden Slowenen nach dem Ersten Weltkrieg in der Volksabstimmung für Österreich votiert hatte. Die Kärntner Slowenen sind Österreicher und bekennen sich zu ihrem Staat. Dies bedeutet, dass die Kärntner FPÖ nicht einer ausländischen Minderheit, sondern guten Österreichern die in der Verfassung verbrieften Rechte verweigerte.

Während sich die Kärntner Slowenen zu Österreich bekennen und als Österreicher fühlen, gibt es wohl nur wenige deutschsprachige Südtiroler, die sich als Italiener bezeichnen. Ihrem Pochen auf regionale Autonomie, auf den Gebrauch des Deutschen als Amtssprache und auf zweisprachige Ortstafeln wurde von der Regierung mit Misstrauen begegnet. Der Konflikt in Südtirol wurde schließlich auf für Europa vorbildliche Weise gelöst: Die Südtiroler erhielten regionale Autonomie und haben bis heute ihre kulturelle und sprachliche Identität bewahrt. Und siehe da: Kaum jemand wünscht sich noch eine Wiedervereinigung mit Österreich! Südtiroler Ski-Asse wie Christof Innerhofer finden nichts dabei, bei der Siegerehrung die italienische Hymne abzusingen. Dass sich der Südtiroler Landeshauptmann Luis Durnwalder weigerte, an den Feiern zum 150. Jahrestag der Einigung Italiens teilzunehmen, ist zwar kindisch, wird aber den italienischen Staat nicht gefährden. Wenn Italien keinen Grund mehr hat, sich vor den Südtirolern zu fürchten, kann man über die Ängste der Kärntner vor der slowenischen Minderheit nur den Kopf schütteln. Österreich kann von Italien einiges über den Umgang mit Minderheiten lernen. Dass die positive Entwicklung Südtirols nicht zuletzt durch den Einsatz mehrerer österreichischer Regierungen beeinflusst wurde, hätte Österreich schon viel früher dazu bringen sollen, im eigenen Haus Ordnung zu schaffen und seine Minderheiten anständig zu behandeln. Der Tiroler Politikwissenschaftler Manuel Fasser meint in *profil* Nr. 20, 42. Jg., 16 Mai 2011, dass Südtirol eine kleinformatige Ausgabe dessen ist, was Europa in Zukunft sein könnte, „ein gemeinsamer, ethnisch durchmischter Kultur- und Wirtschaftsraum". Kärnten sollte sich davon inspirieren lassen!

Kapitel 5.4 – Sport

Täglich erleben wir, wie der Sport nationale Gefühle zu mobilisieren vermag. Die Erfolge und Misserfolge der österreichischen Ski-Teams oder der Fußball Nationalmannschaft werden mit viel größerem Interesse verfolgt als die Nachrichten aus Politik und Wirtschaft. Gewinnt ein österreichischer Sportler eine Goldmedaille, fühlt sich die ganze Nation gut. Das ist nicht nur in Österreich, sondern in allen Ländern so. Nun gibt es Sportarten, die nur von einigen Nationen gepflegt werden. Rugby wird außer in Großbritannien, Irland, Frankreich, Italien und Argentinien fast nirgends gespielt, und in Ländern, in denen es neuerdings Rugby Teams gibt, wie z.B. in Russland, hat das Spiel keine nationale Bedeutung. *American Football* ist weitestgehend auf die USA beschränkt, und die sogenannten *Gaelic Games* – *Gaelic Football, Hurling, Camogie* – sind eine fast rein irische Angelegenheit. Zwar gibt es in den USA, in Australien und Neuseeland, und neuerdings auch in einigen europäischen Ländern Clubs, in denen man die irischen Sportarten pflegt, aber sie genießen dort Seltenheitswert.

Die für die gälischen Spiele zuständige *Gaelic Athletic Association* (GAA) ist nicht nur eine sportliche sondern auch eine politische Organisation. Die *Gaelic Games* werden als irisches Erbe betrachtet und dementsprechend gegen alles, was nicht irisch ist, militant verteidigt. Zumindest war dies bis vor einigen Jahren so: Wer einem gälischen Sportverein angehörte, durfte nicht Rugby oder Fußball (*soccer*) spielen. Tat er es dennoch und erwischte man ihn dabei, wurde er aus der GAA ausgeschlossen. Soccer und Rugby sind englische Spiele und folglich Spiele des Erbfeindes. Im Norden Irlands kam der GAA eine besonders wichtige Aufgabe zu: Die von ihr gepflegten Sportarten dienten dazu, die von der unionistisch-protestantischen Mehrheit bedrohte Identität der katholisch-nationalistischen Minderheit zu behaupten. Mitglieder der britischen Armee und der nordirischen Polizei (also Mitglieder der *Security Forces*) durften nicht Mitglieder der GAA werden, da sie die Interessen des Feindes vertraten und die irische Bevölkerung Nordirlands unterdrückten. Bis vor kurzem gab es in Nordirland so gut wie keine katholischen Polizisten. Trat ein Katholik in den Dienst der Polizei, mussten er damit rechnen, von der IRA als Verräter «hingerichtet» zu werden. Das änderte sich nach dem *Good Friday Agreement.* Nun dürfen Katholiken Polizisten werden (die IRA ist inzwischen aufgelöst und die Sinn Fein Party sitzt in der nordirischen Regierung), und es ist jetzt auch Mitgliedern der Polizei erlaubt, der GAA beitreten. Freilich gibt es nicht sehr viele Protestanten, die von diesem Recht Gebrauch machen.

Der irische Schriftsteller Colm Tóbín wanderte 1987, also während des Höhepunktes der sogenannten *troubles,* die in Wahrheit eher den Namen Bürgerkrieg verdienten, die Grenze zwischen der Republik Irland und Nordirland entlang. Seine dabei gemachten Erfahrungen veröffentlichte er in seinem Buch *Bad Blood, A Walk Along the Irish Border.* Eine nicht unwichtige Rolle spielten die *Gaelic Games,* besonders die Spiele, an denen der Tyrone Football Club teilnahm. Tyrone gehört zur Provinz Ulster in Nordirland. Die Protestanten nennen Nordirland schlicht „Ulster". Nun gehören aber auch einige Regionen der irischen Republik, z.B. die Grafschaften Donegal und Cavan, zur Provinz Ulster, weshalb an den Ulster Meisterschaften 1987 sowohl gälische Fußballteams aus dem Norden (Tyrone) als auch aus dem Süden (Cavan) teilnahmen. Ulster kann in dieser Hinsicht mit Tirol verglichen werden, das zwischen Österreich und Italien aufgeteilt wurde. Tóbín schreibt zu den Spielen von 1987 den folgenden Kommentar:

> As far as the Gaelic Athletic Association was concerned, Tyrone and Cavan were both in Ulster– the original Ulster which had nine counties - and the winner of this match would go to play in the Ulster final. Gaelic football and hurling matches in the North had attractions beyond the excitement of the game; the matches were expressions of the Irish identity of the players and spectators. Members of the security forces in the North were banned by the GAA from joining the Association or playing in games: this was for Catholics only. (S. 80).

Was im letzten Satz gesagt wird, stimmt so nicht ganz. Richtig ist zwar, dass Mitglieder der *Security Forces,* die in der Tat größtenteils Protestanten waren, nicht an den Spielen teilnehmen durften, ein grundsätzliches Verbot für Protestanten, der GAA beizutreten, hat es aber nie gegeben.

Im allgemeinen aber verbindet der Sport mehr als er trennt. Zwar erhofft der Fan eines bestimmten Fußballclubs die Niederlage des Gegners, doch von den Ausschreitungen fanatischer Fans abgesehen, geht es den meisten Zuschauern um das Vergnügen am Fußball, egal wer gewinnt. Wenn die Fußball WM stattfindet, folgt die halbe Welt den Spielen im Fernsehen und alle reden davon. So bildet sich eine weltweite Gemeinschaft von Fußballfreunden. Nicht anders ist es bei den Skimeisterschaften. Die «Schination» Österreich hofft natürlich, dass ihr Team möglichst viele Goldmedaillen einheimst, aber im Vordergrund steht doch die Freude am Sport und die Bewunderung für die Ski-Asse. Wenn statt eines Österreichers ein Italiener oder ein Schweizer Gold oder Silber einheimst, ist die Freude zwar getrübt, aber man lässt sich dadurch nicht aus der Feststimmung bringen.

Kapitel 5.5 – Plätze, Gebäude, Institutionen

Rituale sind nicht nur an bestimmte Zeiten, sondern oft auch an bestimmte Orte gebunden: Messen werden in einer Kirche zelebriert, Fußballspiele finden in einem Stadion statt, Trauungen erfolgen in einem Standesamt oder in einer Kirche, für Konzerte, Opern und Theateraufführungen gibt es besondere Gebäude. Manche dieser Orte nehmen im seelischen Haushalt einer Nation einen besonderen Platz ein. Ein gutes Beispiel dafür ist Croke Park in Dublin. Es ist dies das größte und bedeutendste Stadion Irlands, in welchem *Gaelic Games* abgehalten werden. Es bietet 80.000 Zuschauern Platz und diente bis vor kurzem ausschließlich der Abhaltung der irischen nationalen Spiele. Da Dublin über kein großes Soccer- bzw. Fußballstadium verfügt, gab es nicht wenige Iren, die meinten, die GAA solle doch bei großen internationalen Fußball- und Rugbymatches das Stadion in Croke Park zur Verfügung stellen. Viele Jahre hindurch wurde dies von den irischen Nationalisten, die in der GAA das Sagen hatten, abgeblockt. Der bloße Gedanke, «englische» Spiele in Croke Park abzuhalten, erschien ihnen als Verrat am Vaterland. Nach dem *Good Friday Agreement* hat dieses Argument seine Gültigkeit verloren und nun dürfen auch wichtige Fußball- und Rugbymatches in diesem hehren, den irischen Spielen geweihten Ort stattfinden. Es war ein historischer Augenblick, als die irische und die englische Rugbymannschaft dort aufeinandertrafen und vor Beginn des Matches nicht nur die irische Nationalhymne, sondern auch *God Save the Queen* abgepielt wurde!

Zu den kultischen Orten, in denen Europa seine glorreiche Vergangenheit und Kultur zur Schau stellt, gehören der Louvre in Paris, das Mailänder Opernhaus La Scala, das Concertgebow Gebäude in Amsterdam und die Royal Albert Hall in London. In Österreich zählen dazu beispielsweise die Staatsoper, das Burgtheater, der Musikverein, das Konzerthaus und Mozarts Geburtshaus. Die Liste lässt sich beliebig erweitern. Eng verbunden mit diesen Orten sind die dort auftretenden

Orchester, Dirigenten, Regisseure, Sänger und Schauspieler. Die Wiener Philharmoniker, die Wiener Symphoniker, die Ensembles von Burg und Oper und die Wiener Sängerknaben sind gewissermaßen die Bewahrer und Priester des säkularen Kulturgutes ihres Landes und des Kulturkreises, dem dieses angehört. Jedes Jahr wird am Vormittag des 1. Jänners das Neujahrskonzert der Wiener Philharmoniker aus dem Musikvereinssaal in alle Welt übertragen, am Abend des 31. Dezembers führen die Wiener Symphoniker traditionsgemäß Beethovens Neunte Symphonie im Konzerthaus auf, in der Staatsoper wird *Die Fledermaus* gegeben.

Es ist keine Übertreibung zu behaupten, dass sich die Österreicher und vor allem die Wiener durch ein besonders intensives Verhältnis zu Konzert, Theater und Oper von den Bewohnern anderer Länder und Städte unterscheiden. In Wien gehört es unter sehr viel mehr Menschen zum guten Ton, ab und zu in ein Konzert, eine Oper oder ein Theater zu gehen, als etwa in Glasgow. Alles, was mit Burg und Oper und Musik zu tun hat, wird von der Öffentlichkeit mit Interesse verfolgt. Die Boulevardblätter halten die Affären des Wiener Musik- und Theaterlebens für wichtig genug, um ausführlich über sie zu berichten. Theaterskandale nehmen mitunter die Dimension von Staatsaffären an. Wer erinnert sich nicht noch an den umstrittenen Direktor des Burgtheaters, Claus Peymann, der die Wiener Öffentlichkeit ordentlich aufrüttelte? Den Skandal um Thomas Bernhards Stück *Heldenplatz* im Jahre 1988 hat wohl niemand, der damals in Wien lebte, vergessen. Theater-, Musik- und Opernstars wie Herbert von Karajan, Luciano Pavarotti, Anna Netrebkov und Rolando Villazon waren und sind allemal gut, um auf den Titelblättern von *Krone* und anderen Zeitungen dieses Formats zu erscheinen. Ich gehe so weit zu behaupten, dass Burg und Oper in Wien der Stellenwert zukommt, den die Affären des Königshauses in Großbritannien einnehmen! Natürlich bedeutet das keineswegs, dass alle Wiener regelmäßig ins Theater oder in die Oper gehen, so wie ja auch nur sehr wenige Briten jemals den Buckingham Palace von innen sehen und mit der Königin ein paar Worte wechseln dürfen. Entscheidend ist das in fast allen Schichten verbreitete Bewusstsein, dass Konzert, Oper und Theater «irgendwie» wichtig sind.

Wie tief Burg und Oper im Bewusstsein der meisten Österreicher verwurzelt sind, zeigte sich sehr deutlich sowohl nach dem Ersten als auch nach dem Zweiten Weltkrieg, als die verarmte Republik beachtliche finanzielle Opfer auf sich nahm, um die großen kulturellen Institutionen des Habsburgerreiches zu bewahren. Wolfgang Greisenegger vermutete,

> daß in der Ersten wie in der Zweiten Republik die Staatstheater als Identifikationsstätten kaum etwas von der Aura ihrer – höfischen – Tradition einge-

> büßt hatten, sodaß sie als Brücke zum neuen Österreich tragfähig blieben . (S. 141).

Die Wiedereröffnung des Burgtheaters erfolgte in einem feierlichen Staatsakt am 14. Oktober 1955. Der damalige Direktor, Adolf Rott, verwies in seiner Rede auf die Verankerung dieses Theaters im „Herzen Wiens" und im „Herzen Österreichs":

> Warum lebt denn dieses Theater mehr denn alles andere? Ich glaube, ich habe die Lösung gefunden: Dieses Theater war nie eine Angelegenheit von ein paar wenigen Leuten, sondern dieses Theater ist wirklich aus dem Herzen Wiens, aus dem Herzen Österreichs und aus dem Herzen Europas gewachsen.

Die erste Aufführung fand am folgenden Tag, am 15. Oktober, statt. Das dafür auserkorene Stück war Franz Grillparzers *König Ottokars Glück und Ende*. Die im März 1945 von Bomben zerstörte Wiener Staatsoper wurde am 5. November 1956 mit Beethovens *Fidelio* feierlich wiedereröffnet. Dirigent der Aufführung war Karl Böhm, der bei der Eröffnungszeremonie folgende für das Selbstverständnis des Landes bezeichnende Worte sprach: „Eine höhere Macht hat unser Land ausersehen, Vaterland der klassischen Musik zu sein." Die Deutsche Oper Berlin öffnete erst fünf Jahre später, am 24. September 1961, mit Mozarts *Don Giovanni* ihre Pforten. Was für die österreichischen Staatsbühnen gilt, trifft ebenso auf den Musikverein, das Konzerthaus, die Wiener Philharmoniker, die Wiener Sängerknaben und die Spanische Hofreitschule zu. Sie alle nahmen nach beiden Kriegen sehr bald ihre Tätigkeiten wieder auf. Anton Wildgans zählt in seinem Gedicht *Widmung an die Wiener Philharmoniker* Österreichs berühmtestes Orchester zum „Besten“, das den „Reichtum“ des Landes ausmacht:

> Euch liebt die Heimat und euch ehrt die Welt!
> Wann immer wir des Besten uns besinnen,
> Nach dem man eines Volkes Reichtum zählt,
> Da können wir getrost mit euch beginnen.
>
> Das sich're Maß im Fühlen und in der Kunst,
> Der echte Laut, der unsrer Art zu eigen,
> Der milde Ernst, des Frohsinns hohe Gunst
> Wird offenbar im Wohllaut eurer Geigen.
>
> Ihr klangt dem Ahnherrn, klanget Kindern schon,
> Die längst auch wieder Eltern sind geworden,
> Und immer wieder lauscht von Sohn zu Sohn
> Die Heimat euren seligen Akkorden.
>
> Ihr seid aus Tönen aufgebaut ein Dom,
> In dem vor hohen Geistern wir erschauern,
> Die Welle wechselt in der Herzen Strom
> Der euch durchwaltet. Doch Strom und Dom wird dauern. (S. 26).

Weitere Orte, in denen Österreich seine Identität zur Schau stellt, sind die Schatzkammer und die Kapuzinergruft. Sie haben nicht nur mit dem Haus Österreich, sondern auch mit der Geschichte des Heiligen Römischen Reiches zu tun. Auf die Bedeutung des Heiligen Römischen Reiches für

Österreich werden wir im letzten Kapitel ausführlicher eingehen.

Kapitel 6 – Geschichte und Mythos

Ein Mensch, der sein Gedächtnis verloren hat, ist nicht mehr der, den wir kannten. Wir sagen dann: Er hat seine Identität verloren. Ohne Erinnerung daran, woher wir kommen, was wir früher gedacht, gefühlt und getan haben, sind wir nicht imstande, unser Selbst zu behaupten. Aus unseren Erinnerungen heraus erschaffen wir unsere persönliche Geschichte, auf der wir unsere Identität als Individuen errichten. Was dem Einzelnen die persönlichen Erinnerungen bedeuten, sind für Gruppen von Menschen wie Sportvereine, Orchester, Firmen, Städte, Länder, Staaten und Kulturgemeinschaften die schriftlich und mündlich überlieferten Erzählungen über die Vergangenheit ihrer Organisation. Aus ihnen destillieren die Chronisten und Historiker das heraus, was wir Geschichte nennen und worauf sich die jeweilige Gruppe als auf «ihre» Geschichte beruft. Diese Erzählungen brauchen, um wirksam zu sein, keineswegs die Kriterien kritischer Geschichtsschreibung zu erfüllen. Auch Sagen, Legenden, Halbwahrheiten und Lügen gehen in das kollektive Gedächtnis ein. Geschichte und Mythos sind eng verbunden. In früheren Zeiten unterschied man nicht zwischen Mythen und historisch verbürgten Tatsachen. In der neueren Zeit macht man zwar einen theoretischen Unterschied, aber in der Praxis nimmt man es mit der Unterscheidung nicht immer genau. Historische Ereignisse werden den jeweiligen Bedürfnissen angepasst und zu Mythen verklärt, wenn dies der Festigung der Identität einer Gemeinschaft dient. So feiern die Franzosen die Erstürmung der Bastille am 14. Juli 1789 als nationale Befreiungstat und als den Beginn des modernen Frankreichs, für die Iren wiederum ist der Osteraufstand vom 24. April 1916 das Schlüsselereignis auf dem Weg zur Unabhängigkeit. Das legendäre Postamt in der Dubliner O'Connell Street, in dem sich die Aufständischen vor den britischen Kanonen verschanzten, ist zu einem kultischen Ort geworden. Dabei spielt es keine Rolle, dass nur einige wenige von der übrigen Bevölkerung isolierte Fanatiker an dem Aufstand teilnahmen und dass außerhalb Dublins kaum jemand wusste, was geschah, und sich auch nicht darum kümmerte, so wie es auch nicht von Belang ist, dass die angeblich so heldenhafte Erstürmung der Bastille in Wahrheit ein eher klägliches Ereignis war, bei dem die Schweizer Garden wegen einer Handvoll nicht besonders wichtiger Gefangener niedergemacht wurden. Die meisten historischen Ereignisse erreichen uns in einer edierten, auf die Bedürfnisse der Gegenwart zugeschnittenen Version. Die Geschichte oder das, was wir dafür halten, wird laufend umgeschrieben, wobei immer neue Mythen entstehen.

Kapitel 6.1 – Die Vergangenheit lebt

Das nationale Gedächtnis bewahrt die Vergangheit als lebendige Gegenwart. Diese vermittelt den in dem betreffenden Land lebenden Menschen das Gefühl, etwas gemeinsam zu haben, was sie von den Bewohnern anderer Länder unterscheidet. Die Franzosen haben den 14. Juli zu ihrem Nationalfeiertag erklärt und sind stolz auf die darauf folgende Revolution. Was immer man von der Französischen Revolution halten mag, sie gilt heute als die Revolution schlechthin. Elias Canetti geht so weit, zu behaupten, dass sie das „Massensymbol" Frankreichs sei und in ihrer emotionalen Bedeutung anderen Massensymbolen, dem deutschen *Wald,* dem englischen *Meer* oder den Schweizer *Bergen* entspreche. Viele Länder haben einen Nationalheiligen: England hat den Heiligen George, Schottland den St. Andrew und Wales den St. David. Saint Denis ist der Nationalheilige Frankreichs, und Spanien verehrt den durch den traditionsreichen Pilgerweg weltbekannt gewordenen Santiago als seinen bedeutendsten Heiligen. Das vielleicht beste Beispiel einer mythischen Figur, um die sich ein ganzes Volk schart, um seine Identität international zur Schau zu stellen, ist St. Patrick. Der irische Nationalfeiertag wird am 17. März, am Namenstag dieses Heiligen, begangen. Eine wichtige Rolle kommt weiters den Nationalhelden zu. Irland kann auf eine beachtliche Reihe von Helden zurückblicken, die für die Unabhängigkeit des Landes den Märtyrertod erlitten haben: Wolfe Tone, Robert Emmet und Padraic Pierce sind die wohl bekanntesten. Frankreich kann außer mit blutigen Revolutionären mit ebenso blutigen wie glorreichen Herrschern wie Louis XIV oder Napoleon aufwarten, von denen die *Grande Nation* bis heute zehrt. England hat Könige und Helden wie Elizabeth I, Walter Raleigh, Horatio Nelson, den Herzog von Wellington u.v.a. hervorgebracht. Portugiesische und spanische Entdecker und Abenteurer haben *el nuevo mundo,* die Neue Welt, erschlossen und den Grundstein der europäischen Expansion und der Weltgeltung der europäischen Kultur gelegt. Engländer, Spanier und Portugiesen sind auf ihre Piraten, Feldherrn, Konquistadoren und Weltumsegler stolz und identifizieren sich mit ihnen. Die negativen Aspekte der von diesen Helden begangenen Taten sind so gut wie vergessen.

Kapitel 6.1.1 – Österreich

Die Bewahrung der persönlichen und kollektiven Erinnerung sowie der angemessene Umgang mit ihr ist für das seelische Befinden und für die Entwicklung von Menschen und Gemeinschaften von großer Bedeutung. Martin Haidinger und Günther Steinbach sagen es so: „Denn wir konstruieren unsere Gegenwart immer wieder aufs Neue, wenn wir Blicke in die Geschichte werfen."

(S. 353). Der Umgang mit der Vergangenheit ist komplex, und der «richtige» Umgang mit ihr, falls es so etwas überhaupt gibt, muss gelernt werden. Ein Beispiel schlechten Umgangs mit Geschichte und Mythos ist der radikale Traditionalismus: Das starre Festhalten am Überlieferten und die häufig damit verbundene Weigerung, sich dem Neuen zu öffnen, kann zu seelischer und geistiger Erstarrung und in extremen Fällen zum Untergang einer Gemeinschaft führen. Ebenso schlecht ist es, die negativen Aspekte der Vergangenheit zu verdrängen. Die Forderung, dass man in Österreich und Deutschland endlich damit aufhören solle, in der schmachvollen nationalistischen Vergangenheit herumzuwühlen, ist ebenso unsinnig wie der von vielen mantramäßig wiederholte Satz „Vorbei ist vorbei". Vielmehr gilt, wie Haidinger und Steinbach betonen: „es ist nie vorbei". (S. 353). Ob es uns passt oder nicht: die Vergangenheit ist in die Gegenwart eingegangen und damit ein Teil von uns geworden. Wir kommen nicht darum herum, uns mit ihr auseinanderzusetzen. Viele Österreicher scheinen dazu zu neigen, die schrecklichen Aspekte der Vergangenheit ihres Landes zu verleugnen oder zu verdrängen. Vor nicht allzu langer Zeit hat die Waldheim-Affäre unserem Land einen gewaltigen Verlust an Ansehen zugefügt, und zu allem Überfluss folgte dann noch die Koalition zwischen der ÖVP und Haiders FPÖ unter Wolfgang Schüssel. Viel von dem psychologischen Modernisierungsschub, von dem das

Land in der Kreisky-Ära profitierte, ging damals verloren und muss nun wieder mühsam errungen werden. Obwohl viele Österreicher Opfer der Naziherrschaft waren, stand doch ein sehr großer Teil der Bevölkerung auf der Seite der Täter. Österreich setzte sich nicht gegen den „Anschluss" militärisch zur Wehr und wurde widerstandslos Teil des Terrorregimes und somit zum Täter. Der Täter kann sich nicht selbst verzeihen, das vermag nur das Opfer, und das nur dann, wenn der Täter die Verantwortung für seine Verbrechen auf sich genommen hat und sie bereut. Das ist natürlich sehr schwierig, und deshalb flüchten sich viele Täter lieber ins Vergessen: „Glücklich ist, wer vergisst, was doch nicht zu ändern ist."

Kapitel 6.1.2 – Irland

Anders als die in der NS-Zeit auf der Täterseite stehenden Österreicher und Deutschen waren die Iren jahrhundertelang Opfer. Sie wurden von den Briten unterdrückt und lernten im Laufe der Geschichte, ihre Opferrolle zu kultivieren. Sie vergaßen nichts, und sie weigerten sich zu verzeihen. Die Kultivierung der Erinnerung an britisches Unrecht erhielt den Hass auf Großbritannien am Leben. Nun ist der Hass zwar ein mächtiges Bindemittel, das eine Gesellschaft zusammenzuhalten vermag, aber die reine Negativität, die ihn auszeichnet, führt letztlich zur seelischen

Verkrüppelung des Hassenden. In seinem bereits erwähnten Buch *Bad Blood, A Walk Along the Irish Border* erzählt Colm Tóbín, dass er unter anderem nach Crossmaglen kam, einer Gegend in South Armagh, einer nordirischen Provinz, in der die republikanisch-nationalistische Tradition besonders virulent war und ist. Ein lokaler Abgeordneter der Sinn Fein Partei, die der IRA nahe stand, führte ihn zu zahlreichen Gräbern und Denkmalen von republikanischen Helden, die für das Vaterland im Kampf gegen den britischen Feind gefallen waren. Der Autor kommentiert seine Eindrücke folgendermaßen:

> There was a long tradition of dying for Ireland; the history of the Crossmaglen area was full of small, individual sacrifices. In every part of the area there were monuments to those who had died for Irish freedom. Sinn Fein and the IRA wanted to establish their roots in that long and emotional Irish tradition, to place their martyrs of the past sixteen years in the company of the executed leaders of the 1916 Rising, of the men shot in the War of Independence or the Civil War. Commemorations and monuments were of immense signifance to them, as they were to the Unionists: Sunday after Sunday was spent at the graves of the dead, the young members of Sinn Fein attending as much as the old guard, who understood the importance of tradition. (S. 171).

Solch zähes Festhalten am Vergangenen verbittert und deformiert die Seele. In den letzten Jahren hat sich diesbezüglich glücklicherweise einiges geändert (siehe dazu unten, Kapitel 6.2.4), aber dennoch flackern die Ressentiments in Nordirland immer wieder auf. Dies ist nicht verwunderlich, denn dort leben Täter und Opfer bzw. deren Nachfahren auf engem Raum zusammen. Aus irisch-katholisch-nationalistischer Sicht sind die Täter die protestantischen *Unionists*, welche die Union mit dem britischen «Mutterland» beibehalten wollen und kein Problem damit haben, der englischen Krone Loyalität zu schwören. Die Opfer sind die von den Unionisten verachteten und bis vor wenigen Jahrzehnten von vielen Bereichen des öffentlichen Lebens ausgeschlossenen katholischen republikanisch gesinnten *Nationalists*, die sich ein vereintes und unabhängiges Irland wünschen. Die Vorfahren der Unionisten kamen im 16. und 17. Jahrhundert als sogenannte *planters* vor allem aus Schottland nach Nordirland. Die englischen Könige enteigneten die katholischen Landbesitzer, die sich nicht zum Protestantismus bekehrten, und übertrugen die solchermaßen frei gewordenen Ländereien den protestantischen Neuankömmlingen. Deren Nachkommen bilden heute die Mehrheit der Bewohner Nordirlands. Die Minderheit der katholischen Opfer kann und will der protestantischen Mehrheit das Jahrhunderte lang angetane Unrecht nicht verzeihen, diese empfindet die Gegenwart der Katholiken als dauernde Irritation. Die Erben der Opfer wollen endlich ihr Recht, die Erben der Täter verteidigen mit Verbissenheit die Früchte der vor hunderten von Jahren gegründeten *plantations*. Beide Seiten können und wollen nicht vergessen und verzeihen und beide Seiten verteidigen ihre Identität gegeneinander. Das gilt für die Protestanten mehr als für die Katholiken. Möglicherweise liegt das daran, dass sie ein vages Bewusstsein davon haben, dass sie sich nicht in alle Ewigkeit gegen den Verlauf der Geschichte stemmen können. Wer den führenden Politikern der Unionisten noch vor wenigen Jahren zusah und zuhörte, hatte das Gefühl, in die Epoche des frühen britischen Imperialismus und der Glaubenskriege zurückversetzt zu sein. Da wurden Katholiken als Papisten beschimpft, Rom war der Inbegriff alles Bösen, bis in die sechziger und siebziger Jahre hinein war es nicht unüblich, Stellenangeboten Zusätze wie *No Catholics* oder *Catholics need not apply* beizufügen. Das Misstrauen und der Hass, mit dem die nordirischen Protestanten den Katholiken begegneten, war so frisch wie zur Zeit, als Calvin sein Terrorregime in Genf errichtete. Irische katholische Nationalisten und protestantische Unionisten waren in einer zeitlichen Blase gefangen. Es bedurfte massiver gemeinsamer Bemühungen mehrerer britischer und irischer Regierungen, diese Blase aufzustechen, so dass sie nun allmählich in sich zusammenfallen kann.

Kapitel 6.1.3 – Serbien

Ein anderes Beispiel für die destruktive Macht eingefrorener Erinnerung, das uns in Mitteleuropa näher liegt als Irland, bietet Serbien. Die Serben verloren am 15. Juli 1389 in der Schlacht auf dem Amselfeld ihre Unabhängigkeit an die Osmanen. Während des jugoslawischen Bürgerkriegs am Ende des 20. Jahrhunderts wurde in Serbien immer wieder an diese Schlacht erinnert. In der Ausgabe des *profil* vom 30. Mai 2011 schreibt Martin Staudinger

> Die Niederlage gegen osmanische Truppen bei der Schlacht auf dem Amselfeld wurde in Serbien noch bis vor wenigen Jahren so jammervoll betrauert, als habe sie sich erst kürzlich ereignet und nicht 1389.

Seit damals träumten die Serben von der Wiederherstellung ihrer Unabhängigkeit und der Schaffung eines Staates, in dem alle Serben zusammenleben. Nach der Abschüttelung der türkischen Herrschaft blieb ihnen dieser Wunsch weiterhin versagt, da viele Serben in Bosnien und Kroatien lebten, die bis 1918 zu Österreich-Ungarn gehörten. Selbst nach dem Ende des Ersten Weltkriegs blieb der großserbische Traum unerfüllt, und nach dem Zweiten Weltkrieg unternahm das kommunistische Regime Titos sein Bestes, ihn zunichte zu machen. Der zum Zerfall Jugoslawiens führende Krieg des ausgehenden 20. Jahrhunderts wurde von serbischen Nationalisten als Gelegenheit wahrgenommen, den lange gehegten Traum endlich doch noch zu verwirklichen. Staudinger zitiert aus der Rede, die der bosnisch-serbische General Ratko Mladić vor dem Angriff auf Srbenica hielt, nach dessen Einnahme achttausend Muslime von den serbischen Truppen massakriert wurden. Er sagte wörtlich:

> Am Vorabend eines großen serbischen Feiertags schenken wir diese Stadt dem serbischen Volk. Endlich ist es so weit, dass wir es den Türken heimzahlen können."

Der „große Feiertag" war der 15. Juli, der Tag, an dem die Serben der Schlacht auf dem Amselfeld gedenken. Wie absurd die Behauptung war, dass mit der Eroberung von Srbenica die Niederlage gegen die Türken gerächt werden sollte, bedarf wohl keiner weiteren Erläuterung. Mladić wurde später an den Gerichtshof in Den Haag ausgeliefert.

Kapitel 6.1.4 – Es geht nicht ohne Mythen

Trotz dieser negativen Beispiele meine ich, dass die schöpferische Umdeutung der Geschichte auch positive Seiten haben kann. Die Erschaffung von Mythen kann eine gemeinschafts- und identitätsstiftende Funktion ausüben. Wichtig ist allerdings, dass man nicht zu lange und zu gläubig an ihnen festhält. Sie können eine Zeit lang, vor allem nach nationalen Katastrophen, als Krücken nützlich sein, bis man den eigenen Füßen wieder vertrauen kann. Der Mythos vom Amselfeld und der Traum vom großserbischen Reich half den Serben, jahrhundertelang unter fremder Herrschaft ihre Identität zu bewahren. Als sie das türkische Joch abgeschüttelt hatten, wäre es an der Zeit gewesen, sich von der Tyrannei des Mythos vom Amselfeld zu befreien. Dass ihn die serbische Führung weiterhin kultivierte, brachte dem Land die militärische Niederlage gegen die NATO und den Verlust des Kosowo sowie jahrelange internationale Ausgrenzung ein. Auch den nationalistischen irischen Katholiken und den protestantischen Unionisten halfen ihre sehr verschiedenen Geschichts- und Feindbilder, die eigene Identität zu festigen. In der vollkommen veränderten Welt des ausgehenden zwanzigsten und des beginnenden 21. Jahrhunderts musste aber schließlich allen, auch den größten Dickschädeln wie Ian Paisley, klar werden, dass die erstarrten Fronten aufgeweicht werden müssen. Und Österreich kultivierte nach dem Ende des Zweiten Weltkriegs den Mythos, Opfer der nationalsozialistischen Herrschaft gewesen zu sein. So fragwürdig dieser Mythos war, so trug er doch zur Herausbildung der modernen öster-reichischen Identität bei. Nun ist es Zeit, ihn zu begraben. Mehr darüber ist im Kapitel 7.7 zu lesen.

Kapitel 6.2 – Das kulturelle Erbe

> Einen Brief oder ein Bild oder sonst etwas der Art gleich verbrennen, nachdem man's bekommen hat, das scheint mir selbstverständlich. Aber etwas, das überhaupt wert war, aus einem lebendigen Glück oder Schmerz Erinnerung zu werden, das sollte eigentlich diese Bedeutung nie wieder verlieren können.

Persönliche Memorabilien wie Briefe oder Bilder, von denen in diesem Zitat aus Arthur Schnitzlers Drama *Der einsame Weg* (S. 42) die Rede ist, spielen für Individuen eine ähnliche Rolle wie Denkmäler und andere Spuren der Geschichte für Gemeinschaften. Denkmäler wie etwa die Reiterstatuen des Prinzen Eugen und des Erzherzogs Karl auf dem Wiener Heldenplatz wurden errichtet, damit man sich an diese Persönlichkeiten und die mit ihnen verbundenen Ereignisse erinnert. Die meisten Spuren der Geschichte sind jedoch nicht ausdrücklich zum Zwecke des Gedenkens gelegt worden, sondern erfüllten in ihrer Zeit bestimmte Funktionen: Dazu gehören beispielsweise die auf die Römerzeit zurückgehenden Weinberge, regionale Typen von Bauernhöfen, landwirtschaftliche Gepflogenheiten wie die unterschiedlichen Methoden des Heumachens, Siedlungsformen wie Straßendorf, Haufendorf oder Streusiedlung, gesellschaftliche Umgangsformen, die wir als Teil unserer Gegenwart akzeptieren, ohne uns viel Gedanken darüber zu machen, woher sie kommen. Manchmal erscheinen uns solche Produkte der

Geschichte als bewahrenswert und wir erklären sie zu Denkmälern. Alte Häuser werden unter Denkmalschutz gestellt, Versailles, das Stadtzentrum von Quito, Venedig, der erste Bezirk von Wien und die niederösterreichische Weinkulturlandschaft Wachau zählen heute zum Weltkulturerbe. Auch Naturlandschaften können Denkmalstatus erlangen: So wurde den Dolomiten in Norditalien und dem Giant's Causeway in Nordirland der Status des Weltnaturerbes verliehen. Die Spuren der Geschichte weisen uns den Weg zurück in die Vergangenheit, dorthin, woher wir kommen.

Die Gesamtheit der Spuren der Vergangenheit, die in unsere Gegenwart hineinwirken, bildet das kulturelle Erbe einer Gemeinschaft. Viele dieser Spuren wie beispielsweise historische Gebäude, Brauchtum oder Siedlungsformen sind jedermann, der die Augen offen hält, unmittelbar zugänglich, andere sind in Museen, Bibliotheken und Archiven aufbewahrt, und es bedarf einer gewissen Mühe, sie zu sehen. Allerdings sind heute viele der in Museen aufbewahrten Schätze durch Reproduktionen in Büchern, Fernsehdokumentationen und Dokumentarfilmen einer breiten Öffentlichkeit bekannt. Vom *Book of Kells* gibt es Faksimileausgaben, preisgünstige Bucheditionen und digitale Reproduktionen. Auch der kommerzielle Kitsch trägt zur Verbreitung des kulturellen Erbes bei. Gustav Klimts *Der Kuss* oder die *Sonnenblumen* von Vincent van Gogh finden sich nicht nur auf tausenden von Postkarten, sondern ebenso auf Handtaschen, Verpackungen und Shawls. Um sie zu «kennen», brauchen wir nicht zu wissen, wo sich das Original befindet. Es ist auch nicht notwendig, die Originalpartitur einer Symphonie von Mozart zu studieren, man kann eine Ausgabe der Partitur kaufen, und wer keine Partituren zu lesen vermag, geht ins Konzert oder kauft sich eine CD, um das Werk zu hören. Vergleichbares gilt von Texten, die den in unseren Theatern aufgeführten Dramen zu Grunde liegen. Die Arbeit mit den Originalen, ihre Edition und Interpretation überlassen wir den Fachleuten: den Archivaren, Historikern, Literatur- und Musikwissenschaftlern, den Regisseuren, Dirigenten, Musikern, Sängern und Schauspielern. Nicht nur die Werke und Taten der bedeutenden Menschen eines Landes, sondern auch ihr persönliches Leben sind für die Fachleute und für die Öffentlichkeit von Interesse. Die Museen und Archive bewahren alles, was mit dem Leben großer Persönlichkeiten zu tun hat: Briefe, Rechnungen, private Bilder, Details über ihr Liebesleben und dgl.

Daneben gibt es Spuren, die sich in unserem Inneren abgelagert haben und nicht so leicht erkennbar sind wie beispielsweise ein barockes Kloster. Ich denke an bestimmte Verhaltensweisen, Vorlieben, Vorurteile und dgl. Warum reden die Iren einander sofort mit den Vornamen an und warum halten die Österreicher an der Sie-Form und am Gebrauch der Titel fest? Die bereits erwähnten Rituale, die wir bei Festen und im Alltag ausüben, sind Ausdruck einer verinnerlichten Tradition, die sich in der Außenwelt manifestiert. Es ist daher immer nicht möglich, klar zwischen Innen und Außen zu trennen. Siedlungsformen und Architekturstile gehören zwar der Außenwelt an, aber die in bestimmten Regionen lebenden Menschen haben sie verinnerlicht und perpetuieren sie, ohne sich viele Gedanken über sie zu machen. Warum war es unter den Bauern in Oberösterreich üblich, Vierkanthöfe zu bauen? Warum errichtet man bis heute in Dubliner Vorstädten Reihenhäuser mit Haustoren, die an die Portale georgianischer Häuser erinnern und mit einem Grundriss, der denen der großen Stadthäuser des 18. Jahrhunderts ähnlich ist? Hier handelt es sich offenbar um Stilformen, durch die sich die Bevölkerung bestimmter Regionen in ihrer Eigenart bestätigt fühlt. In Dublin hat sich die Bauweise der georgianischen Epoche des 18. Jahrhunderts, der Zeit, in der die Stadt ihre größte Blüte als zweitgrößte Stadt des britischen Imperiums erreichte, in den Herzen der Menschen als «der» maßgebende Stil etabliert, ähnlich wie in Österreich und Süddeutschland der barocke Stil noch lange nachwirkte. Warum lassen sich bis heute in Österreich Leute, die über genug Geld verfügen, einen Kachelofen bauen, obwohl sie eine gut funktionierende Zentralheizung haben? Offenbar handelt es sich um eine liebgewordene Tradition. Ähnlich geht es den Briten und den Iren mit ihren offenen Kaminen. Jeder weiß, wie unpraktisch sie sind und dass sie viel Energie verschwenden, und dennoch wollen viele Menschen nicht auf ihr offenes Feuer verzichten. So wie es heute strom- oder gasbeheizte Kachelöfen gibt, gibt es offene Kamine, in denen Gasflammen vulkanisches Gestein erhitzen und den Eindruck eines Kohlenfeuers erwecken, und mit Strom betriebene Geräte, in denen eine Lampe die Illusion eines flackernden Feuers erzeugt.

Kapitel 6.2.1 – Kulturelles Erbe und Identität

Es steht außer Frage, dass das kulturelle Erbe unsere Lebensart und nationale Identität wesentlich mitbestimmt. Feinden historischer Studien, denen die Beschäftigung mit der Vergangenheit überflüssig erscheint, da ihrer Meinung nach das Vergangene vergangen ist, kann man entgegenhalten, dass die von der Geschichte hinterlassenen Spuren sehr wohl lebendig sind und die Gegenwart positiv oder negativ beeinflussen. Davon, wie verheerend sie sich auswirken können, legt der Zerfall Jugoslawiens im ausgehenden 20. Jahrhundert ein trauriges Zeugnis ab. Die auf dem Balkan hinterlassenen historischen Spuren sind Narben, die von tiefen Wunden herrühren, die den Vorfahren vor langer Zeit zugefügt wurden und an denen die heute Lebenden immer noch leiden.

So schrecklich die Katastrophe des jugoslawischen Untergangs war, noch erschreckender war es zu beobachten, wie hilflos Europa auf die ersten Anzeichen der Krise reagierte. Die europäischen Politiker wussten offensichtlich nicht genug über die komplizierte Geschichte dieses Staates. Auf die von Feinden historischer Studien oft gestellte Frage, warum man sich mit der Vergangenheit beschäftigen solle, gibt es eine einfache Antwort: Das Vergangen lebt im kulturellen Erbe fort und ist in der Gegenwart wirksam.

Vor einiger Zeit unterhielt ich mich mit einem irischen Freund über dieses Thema. Es kam die Rede auf die Österreichisch-Ungarische Monarchie und mein Freund sagte: „Ja, die Österreichisch-Ungarische Monarchie spielte einmal eine große Rolle, und jetzt ist sie spurlos verschwunden (*vanished without a trace*)." Wenngleich Österreich-Ungarn nicht mehr existiert, spurlos verschwunden ist es keineswegs. Man braucht nur nach Bratislava, nach Prag, nach Brünn oder Budapest, nach Triest oder nach Grado zu reisen, um zu sehen, wie «österreichisch» diese Städte immer noch sind. Die Habsburger haben nicht nur das heutige Österreich, sondern alle Nachfolgestaaten der Monarchie entscheidend mitgeprägt. Österreich und seine Nachbarn haben einen großen Teil ihres kulturellen Erbes gemeinsam.

Einen wichtigen Beitrag zur Formung der Identität einer Gesellschaft leisten die Werke der bildenden Kunst, der Musik, der Literatur und des Theaters. Nationen identifizieren sich mit «ihren» Malern, Musikern und Dichtern. Bis heute hat man das Gefühl, dass die satirischen Stücke von Oscar Wilde charakteristische englische Verhaltensweisen recht genau widerspiegeln. Arthur Schnitzler ist in Wien nicht zuletzt deshalb bis heute ein oft gespielter Dramatiker, weil uns die von ihm entworfenen Szenarien typisch wienerisch anmuten, und auch die von Johann Nestroy geschaffenen, alles andere als schmeichelhaft gezeichneten Wiener Figuren sind uns bis heute recht vertraut. Der berühmte Herr Karl, den Carl Merz und Helmut Qualtinger 1961 kreierten, ist ein Nachfahre der Typen, die Nestroys Possen bevölkern. Ebenso stolz sind die Bewohner einer Stadt oder eines Landes auf die architektonischen Denkmäler, auf den Escorial, auf Versailles, auf das Belvedere, und auf die in den Museen ausgestellten Bilder und andere Objekte. Auch Handschriften können den Status nationaler Ikonen erlangen wie etwa das irische *Book of Kells*, das sich in der Bibliothek des Trinity Colleges Dublin befindet. Dieses kostbare Manuskript entstand um 800 in Kells, County Meath, wohin sich Mönche des 561 von St. Colum Cille in Iona an der Westküste Schottlands gegründeten Klosters vor den Wikingern geflüchtet hatten. In der Mitte des 19. Jahrhunderts wurde das Manuskript in das Trinity College gebracht, wo man es heute besichtigen kann. Seit einiger Zeit bemüht sich eine Bürgerinitiative in Kells, das

Buch, oder wenigstens einen Teil davon, dorthin zurückzubekommen, wo es vor 1200 Jahren entstanden ist. Alle hier genannten äußeren und inneren Spuren unserer Vergangenheit, unsere Formen des Zusammenlebens, unsere Sitten, Gebräuche und moralischen Anschauungen bewirken, dass wir uns in unserer Region, unserem Land und in unserer Kulturgemeinschaft wie z.B. Europa «zu Hause» fühlen. In ihrer Gesamtheit prägen sie das, was wir als die Identität der Gemeinschaft, in der wir leben, empfinden.

Archivare, Archäologen, Literatur- Kunst- und Musikwissenschaftler, Historiker, Philosophen, Naturwissenschaftler und Mathematiker, m.a.W. alle am Kultur-, Lehr- und Forschungsbetrieb Beteiligten, sind für die Pflege des kulturellen Erbes zuständig. Solange unsere Gesellschaft die Notwendigkeit verspürt, den Kontakt mit der Geschichte aufrecht zu erhalten, wird sie bereit sein, die Arbeit dieser Experten, die den in einer Gesellschaft angehäuften Schatz von Kunst und Wissen betreuen, zu unterstützen. Selbstverständlich ist das keineswegs. Dass Geld in medizinische Forschung gesteckt werden muss, ist offensichtlich, und Politiker in Österreich sind auch zumeist bereit, kulturelle Institutionen wie die Staatsoper oder die Wiener Philharmoniker zu fördern, weil sie den Tourismus ankurbeln und Devisen ins Land bringen. Viel schwerer ist es, die Politik und die Öffentlichkeit davon zu überzeugen, dass

Bibliotheken, Archive, kleinere Museen, Universitäten, wissenschaftliche Verlage, und historische Forschungsprogramme finanzielle Unterstützung benötigen. Wenn hier die Bedeutung der historischen Forschung betont wird, soll keineswegs einem zukunftsfeindlichen Festhalten an allem Alten oder der bloß musealen Konservierung überkommener Lebensformen das Wort geredet werden. Das Verhältnis zur Vergangenheit kann und soll ein lebendiges sein. Wissen um Traditionen schließt deren Weiterentwicklung nicht aus. Und selbstverständlich ist es legitim, Traditionen, die heute keinen Sinn mehr machen, aufzugeben. Aber auch solche endgültig der Vergangenheit angehörenden Lebensäußerungen sind es wert, studiert und archiviert zu werden.

Ein Mensch, dem seine Eltern ein bestimmten Traditionen verpflichtetes Wertsystem mit auf den Lebensweg gegeben haben, entwickelt sich in der Regel besser als jemand, der ohne feste Überzeugungen und Regeln aufgewachsen ist. Selbst wenn sich dieses Wertsystem einiges Tages als nicht mehr tragfähig erweist und durch ein anderes ersetzt wird, hat es seinen Zweck erfüllt, wie eine Krücke, deren man ab einem gewissen Zeitpunkt nicht mehr bedarf. Es steht jedermann frei, das Erbe, das er angetreten hat, abzulehnen, zu verschenken, unverändert zu bewahren oder weiterzuentwickeln. Das Wissen um das kulturelle Erbe und die Wertschätzung, die es erfährt, spielen sowohl für die Befindlichkeit eines Menschen als auch für den Zusammenhalt einer Gemeinschaft eine wichtige Rolle. Nicht immer freilich wird dies so gesehen.

Kapitel 6.2.2 – Vernachlässigtes Erbe: Irland

Im 18. Jahrhundert war Dublin die zweitwichtigste Stadt des britischen Weltreichs. Entsprechend eindrucksvoll ist die aus dieser Zeit stammende Bausubstanz. Bis in die fünfziger Jahre des 20. Jahrhunderts war Dublin die Stadt, in der die meisten im georgianischen Stil (*Georgian Style*), d.h. dem Stil der Zeit der Könige George I.-IV. errichteten Gebäude erhalten geblieben waren. Im Norden des Liffey Flusses war es die Gegend um den Mount Joy Square, im Süden der Merrion- und der Fitzwilliam Square und die umliegenden Straßen, in denen zahlreiche, von keinen neueren Gebäuden unterbrochene Reihen von Häusern reicher Bürger und Aristokraten des 18. Jahrhunderts einen höchst eindrucksvollen Anblick boten. Wer ein durch wenige Bausünden und keine Bombardierungen beschädigtes gut erhaltenes spätmittelalterliches Stadtbild sehen will, fährt nach Prag. Dublin könnte heute ein ähnlich eindrucksvolles Beispiel einer *Georgian City* bieten. Leider haben es die zuständigen Behörden versäumt, die Bausubstanz zu erhalten. Es ist natürlich richtig, dass Irland in den fünfziger Jahren kein Geld hatte. Der Mangel an Geld war aber nicht der wahre Grund für die Vernachlässigung des georgianischen Erbes. Als in den sechziger und siebziger Jahren der erste wirtschaftliche Aufschwung erfolgte, fehlte es an Interesse und an politischem Willen. Die *Georgian* Architektur war Teil des britischen Erbes, sie wurde als Produkt der britischen Kolonialherrschaft betrachtet, unter der das Land so lange gelitten hatte. Das einmalige Stadtbild, das Dublin damals noch bot, war unirisch und daher nicht wert, bewahrt zu werden. Man wollte nicht wahrhaben, dass die britische Architektur zu Dublin gehört und Teil der Geschichte der Stadt und des Landes ist, gleichgültig, wie man zu den Briten steht. In den späten siebziger Jahren errichtete das irische staatliche Elektrizitätswerk, die ESB (*Electricity Supply Board*), eine Reihe von scheußlichen Bürogebäuden in der Nähe des Merrion Square, eines Parks, der bis heute von relativ gut erhaltenen Gebäuden des 18. Jahrhunderts umsäumt ist. Um dieses Vorhaben durchzuführen, wurde ein ganzer Straßenzug georgianischer Bauwerke abgerissen. Viele Dubliner empfanden dies bereits damals als Kulturbarbarei. In den späten achziger Jahren, als sich allgemein die Erkenntnis durchgesetzt hatte, dass das georgianische Erbe erhaltenswert war, restaurierte die ESB zehn Häuser in Fitzwilliam Street Lower und Mount Street Upper und entschuldigte sich für die zehn Jahre vorher angerichtete Verwüstung.

Einige Jahre bevor ich in den Ruhestand trat, schaffte das renommierte Queen's College in Belfast das Studienfach Klassische Sprachen ab. Seit geraumer Zeit lernte an den irischen höheren Schulen so gut wie niemand mehr Lateinisch oder Griechisch. Im Unterschied zu manchen Ländern auf dem europäischen Festland bildete in Nordirland und in der irischen Republik am Ende des 20. Jahrhunderts die Kenntnis des Lateinischen keine Voraussetzung mehr für die Zulassung zum Studium geisteswissenschaftlicher Fächer, der Medizin und des Rechts. Die Notwendigkeit, diese alten Sprachen zu erlernen, bestand somit nicht mehr, und die Entscheidung des Queen's College trug dieser Tatsache Rechnung. Da aber weiterhin ein gewisses Interesse an antiker Geschichte und Literatur bestand, erfand man ein neues Fach, *Greek and Roman Civilization,* welches nur als Nebenfach studiert werden konnte. Sehr bald wurde dieses neue Fach auch an der Universität, an der ich lehrte, dem University College Dublin, eingeführt. Viele Studenten wählten es im ersten Studienjahr als drittes Fach, um es ab dem zweiten Jahr, in dem man sich nur mehr in zwei Fächern inskribieren musste, wieder fallen zu lassen. Um zum Studium von *Greek and Roman Civilization* zugelassen zu werden, brauchte man weder Lateinisch noch Griechisch zu beherrschen, da man mit englischen Übersetzungen der literarischen und historischen Quellen arbeitete. Es handelt sich um ein Fach, das eher in das Programm einer Volkshochschule als in das einer Universität passt.

Nun mag man die Entscheidung des Queen's College damit rechtfertigen, dass der Kenntnis des Altgriechischen und Lateinischen keine große Bedeutung für die irische Gesellschaft und Kultur zukommt. Dagegen lässt sich einzuwenden, dass Irland zu Europa gehört und dass die europäische Zivilisation ohne die Grundlage der Antike undenkbar ist. Außerdem kann man darauf verweisen, dass die irischen Mönche des frühen Mittelalters, die einen wesentlichen Beitrag zur Christianisierung Europas leisteten, Lateinisch und, im Unterschied zu ihren Brüdern auf dem europäischen Festland, auch Griechisch beherrschten, dass also das Studium der alten Sprachen in Irland eine besonders lange Tradition hat.

Im University College Dublin hatte man ebenfalls nicht viel übrig für die Pflege alter Sprachen und Kulturen. Zwei Jahre vor meiner Pensionierung wählte die Universität einen Mediziner, der längere Zeit in den USA verbracht hatte, zum Präsidenten. Kaum hatte er sein Amt angetreten, begann er die Universität nach wirtschaftlichen Kriterien umzukrempeln. Abteilungen, die nur wenige Studenten hatten, wurden mit anderen Abteilungen zusammengelegt oder überhaupt abgeschafft. Kurz nachdem ich die Universität verlassen hatte, fiel das *Department of Arabic and Semitic Studies* dieser Rationalisierungspolitik zum Opfer. Der Professor war in Pension gegangen und wurde nicht ersetzt. Das Fach hörte auf zu existieren. Dass die arabische Medizin, Mathematik und Astronomie dereinst Europas Wissenschaft befruchtet hatte und dass das Judentum mit der europäischen Kultur auf engste verflochten ist, kümmerte offenbar niemanden. Aber selbst das Argument, dass es im 21. Jahrhundert nicht unwichtig sein könnte, über die arabischen und semitischen Sprachen und Kulturen Bescheid zu wissen, verfing nicht. Das einzige, was zählte, war das finanzielle Argument: zu wenige Studenten, zu viele Lehrende, hohe Kosten, kein Gewinn. Wer aber nun meint, dass die Abteilung für arabische und semitische Studien dem Sparstift der Universität zum Opfer gefallen war, damit man mehr Geld für die Pflege zentraler irischer kultureller Anliegen zur Verfügung stellen könne, irrt gewaltig. Sehr bald nach der Eliminierung der arabischen und semitischen Abteilung wurde auch das Altirische Department zugesperrt. Das war in Irland etwas Unerhörtes und ist so, wie wenn man an einer deutschsprachigen Universität das Studium des Alt- und Mittelhochdeutschen oder an einer englischen Universität Alt- und Mittelenglisch abschaffte, da uns das *Nibelungenlied*, Walther von der Vogelweide, *Beowolf* und Chaucer nichts mehr zu sagen haben. Innerhalb weniger Jahre hatten führende irische Universitäten wichtige Brücken zum nationalen und europäischen Erbe sowie zu einem außereuropäischen Kulturkreis abgebrochen, mit dem wir uns in Zukunft aller Wahrscheinlichkeit nach noch viel beschäftigen werden müssen.

Damit jedoch nicht genug: das Studium der kontinentalen Sprachen wurde «kostengünstiger» umstrukturiert. Gab es zu meiner aktiven Zeit noch eine französische, eine spanische, eine deutsche und eine italienische Abteilung, so wurden diese nun zu einer *School of Languages* zusammengefasst. Anstatt vier *Heads of Department* braucht man jetzt nur mehr einen *Head of School,* was natürlich billiger kommt. Posten, die durch die Pensionierung von Professoren und Dozenten vakant wurden, blieben unbesetzt. Obwohl Irland bereits 1973 der EU beigetreten war, ging die Zahl der Studenten der Fremdsprachen in den Schulen und folglich auch an den Universitäten von Jahr zu Jahr zurück. Die Iren waren offenbar zu dem Schluss gekommen, dass man mit Englisch überall durchkommt und die Kenntnis des Deutschen, Französischen, Spanischen und anderer europäischer Spachen nicht mehr notwendig ist, um in der Welt voranzukommen. Auch wurde es nicht mehr als wichtig empfunden, etwas über die Kultur und Geschichte Europas, dem sich Irland seit dem Beitritt zur EU angenähert hatte, zu lernen. Dem *Department of Modern History* des University College Dublin stand ein Mann vor, der keine einzige europäische Fremdsprache beherrschte. So wie die Studenten des Fachs *Greek and Roman Civilazation* verließ auch er sich auf Übersetzungen fremder Quellen ins Englische, sofern er es überhaupt für notwendig erachtete, sich mit der Geschichte nicht englischsprachiger Länder zu befassen.

Die Entscheidung, das gut funktionierende *Department of Arabic and Semitic Studies* aufzulösen, war besonders bedauerlich, weil Dublin ausgezeichnete Voraussetzungen gehabt hätte, sich zu einem Zentrum arabischer Studien zu entwickeln. Die Stadt beherbergt in der Chester Beatty Library eine einzigartige Sammlung arabischer Manuskripte aus vielen Jahrhunderten, die der britische Minenbesitzer und Multimillionär Sir Alfred Chester Beatty zusammen mit seiner übrigen eindrucksvollen Sammlung von Kunstwerken und Handschriften im Jahre 1950 dem irischen Staat geschenkt hatte. Nur wenige Universitätsstädte können dem Studenten der arabischen Sprache und der islamischen Kultur ein so reiches Quellenmaterial zur Verfügung stellen. Seit die Chester Beatty Library im Jahre 2000 in das Dublin Castle übersiedelte, wird sie vorbildlich verwaltet. 2002 wurde sie zum *European Museum of the Year 2002* ernannt. Das war nicht immer so. Als die Sammlung in den letzten Jahrzehnten des 20. Jahrhunderts noch in einem weniger leicht zugänglichen Vorort von Dublin angesiedelt war, kümmerte sich die Regierung herzlich wenig um sie. Zum Kurator bestellte sie einen gewissen Dr.

David James aus Großbritannien, der gelegentlich für den britischen Multimillionär Nasser David Khalili gearbeitet hatte, mit dem er befreundet war. Der Reichtum Khalilis, der im Jahre 2010 als Großbritanniens drittreichster Mann galt, beruht auf der weltgrößten Sammlung islamischer Kunst, deren Wert auf 2,5 Milliarden Pfund Sterling geschätzt wird. Dr. David James beriet seinen Freund bei seinen Käufen. Neben seiner Tätigkeit als Kurator der Chester Beatty Library lehrte Dr. James auch am Department of Arabic and Semitic Languages am University College Dublin. Zu seinem Schrecken musste Mr. Khalili erfahren, dass einige der Manuskripte, die er gekauft hatte, von seinem guten Freund Dr. David James aus der Chester Beatty Library gestohlen worden waren. Ein anderes Opfer des Dr. James war der Londoner Kunsthändler Oliver Hoare, ein Freund der Prinzessin Diana. Auch er hatte einige von Dr. James gestohlene Objekte im guten Glauben erworben und weiter verkauft. Andere Schätze tauchten in New York auf. Es stellte sich heraus, dass Dr. David James über mehrere Jahre immer wieder Objekte aus der Chester Beatty Library entwendet und auf den Markt gebracht hatte. Er führte einen für einen irischen Dozenten verhältnismäßig aufwendigen Lebenswandel, über den sich seine Freunde wunderten, ohne ihn zu hinterfragen. Er wurde schließlich zu fünf Jahren Gefängnis verurteilt. All dies war möglich gewesen, da sich der irische Staat nicht um die Bewahrung der ihm anvertrauten Schätze kümmerte und den Kurator unkontrolliert schalten und walten ließ. Die Erhaltung des kulturellen Erbes wurde damals nicht für wichtig erachtet. Inzwischen hat sich dies zum Glück geändert.

Kapitel 6.2.3 – Habsburgisches Erbe

Es wäre verständlich, wenn die nicht deutschsprachigen Nachfolgestaaten der Habsburgermonarchie, die unter der Herrschaft des Hauses Österreich errichteten Bauwerke und Kulturdenkmäler mit ähnlichem Hass betrachteten wie die Iren bis in die sechziger und siebziger Jahre des 20. Jahrhunderts die Spuren des britischen Kolonialismus. Die Habsburger sind auf den von ihnen regierten Territorien zeitweise nicht minder brutal gegen ihre «Feinde» vorgegangen als die Briten in Irland und anderen Ländern ihres Reichs. Wie immer man zu den in der Vergangenheit begangenen Grausamkeiten der jeweilig herrschenden Dynastien oder Nationen stehen mag, sie sind nun einmal Teil unser aller Geschichte. Die Briten unterdrückten die Iren, aber sie brachten auch viel Positives im Bereich der Wissenschaft, Kultur und Infrastruktur in das von ihnen beherrschte Land. Und die Habsburger verfolgten Protestanten und schlugen nationale Aufstände nieder, aber gleichzeitig errichteten sie großartige Bauten und eine gute Infrastruktur und führten eine vorbildliche

Verwaltung ein. Wir sind mit unseren Feinden oft enger verbunden, als wir uns eingestehen, und häufig überwiegt das Gemeinsame das Trennende. Wer heute nach Prag, Bratislava, Budapest und andere Städte des einstigen Habsburgerreichs reist, wird finden, dass die meisten aus der Monarchie stammenden Kulturdenkmäler in den Nachfolgestaaten Österreich-Ungarns gut erhalten werden. Offenbar haben diese Länder ihren Frieden mit ihrer habsburgischen Vergangenheit geschlossen.

Was immer wir durchgemacht haben, es ist *unsere* Geschichte, die uns geformt hat. Nur wer sich zu dieser Geschichte bekennt und lernt, mit ihr umzugehen, kommt mit sich zurecht und ist für die Zukunft gerüstet. Dies gilt für Gemeinschaften ebenso wie für Personen. Für Österreich und Deutschland war es besonders wichtig, sich ernsthaft mit der Nazivergangenheit auseinanderzusetzen. Eine Person, die eine schwere Schuld auf sich geladen hat, löst die daraus entstehenden psychologischen Probleme nicht durch Vergessen, sondern dadurch, dass sie ihre Schuld auf sich nimmt. Aber auch das Unrecht, das einem in der Jugend von Eltern und Erziehern oder in der Vergangenheit von der Kolonialmacht oder der herrschenden Dynastie zugefügt wurde, muss man als Teil seiner Geschichte akzeptieren und somit auf sich nehmen. Wenn man nicht völlig verbittert werden will, muss man den Personen und Mächten, unter denen man einst gelitten hat, verzeihen. Als Sozialist mag man antihabsburgisch eingestellt und der Auffassung sein, dass die Religion Opium fürs Volk ist. Wer aber daraus folgert, dass alle von den Habsburgern errichteten prunkvollen Schlösser und großartigen Kirchen und Klöster, an denen Österreich so reich ist, abgerissen werden oder in Altersheime und Sozialwohnungen umgewandelt werden sollen, der braucht psychiatrische Behandlung. Die Habsburger sind, ob wir es wollen oder nicht, Teil unserer Geschichte, und wie arm wäre Österreich ohne die Zeugen seiner Vergangenheit!

Kapitel 6.2.4 – Versöhnung mit der Geschichte

Als die britische Königin, Elizabeth II, im Mai 2011 Irland besuchte – seit mehr als hundert Jahren hatte kein britischer Monarch mehr den Boden der heutigen Republik Irland betreten – war dies nicht nur ein symbolischer Akt der Versöhnung zwischen Großbritannien und Irland, sondern auch der Iren mit ihrer kolonialen Vergangenheit. Die Königin legte im *Remembrance Park,* der den irischen Patrioten, die sich gegen die britische Krone erhoben hatten, gewidmet ist, einen Kranz nieder und sprach bewegende Worte über die in der Vergangenheit begangenen Fehler, die man, wäre man damals im Besitz der Weisheit der Nachfahren gewesen, vermieden hätte. Sie besuchte auch das irische Sportstadion Croke Park, in dem während des irischen Unabhängigkeitskrieges am Sonntag, den 21. November 1920 britische Milizen ein furchtbares Massaker angerichtet hatten: Sie schossen in die Menge, die einem gälischen Fußballmatch beiwohnte, und töteten vierzehn Menschen. Dies war ein Racheakt für die am Morgen desselben Tages erfolgte Ermordung von vierzehn britischen Geheimagenten durch die IRA. Am Abend dieses Tages erschlugen britische Milizionäre drei Iren, die sie verdächtigten, Mitglieder der IRA zu sein. Insgesamt kamen an diesem als *Bloody Sunday* in die Geschichte eingegangenen Tag 31 Menschen ums Leben. Der Besuch, den die britische Königin dem Croke Park abstattete, hatte enorme symbolische Bedeutung. Auch den Dubliner Memorial Park besuchte die Königin. Dort steht ein noch während der britischen Herrschaft errichtetes Denkmal für die Tausenden von Iren, die im Ersten Weltkrieg als Freiwillige in der britischen Armee gefallen waren. Bis vor nicht langer Zeit galten Iren, die im Ersten Weltkrieg auf Seiten Großbritanniens gegen die Deutschen gekämpft hatten, als Verräter, die man aus dem kollektiven Gedächtnis verdrängte. Das Denkmal im Memorial Park verfiel zusehends. Nun ist es restauriert worden, und die britische Königin legte auch dort im Beisein der irischen Regierungsspitze einen Kranz nieder.

Aus Anlass des Besuchs der britischen Königin strahlte das Erste Programm des Irischen Fernsehens (RTE 1) am 15. Mai um 21 Uhr 30 eine Sendung aus mit dem Titel *What Have the Brits Ever Done for Us?* aus. Die Sendung zeigte auf, dass die Briten sehr viel für Irland getan haben, auch noch nachdem das Land unabhängig geworden war, und machte darauf aufmerksam, dass sich die irische Lebensweise kaum von der britischen unterscheidet und dass es zwischen Irland und Großbritannien viel mehr Gemeinsames als Trennendes gibt. Mit Österreich und den Nachfolgestaaten des Habsburgerreiches verhält es sich ähnlich, allerdings mit der wesentlichen Einschränkung, dass sie nicht dieselbe Sprache sprechen.

Das moderne Österreich hat sich mit seiner habsburgischen Vergangenheit gut arrangiert. Selbst die einst so antihabsburgschen Sozialdemokraten haben ihren Frieden mit dem Haus Österreich geschlossen. Nicht ganz so gut kommt man mit der jüngeren Vergangenheit zurecht. Ich meine damit nicht die Naziverbrechen, die heute nur mehr einige psychisch kranke Personen leugnen, sondern die Geschichte der Zwischenkriegszeit. Wenngleich sich die beiden einst verfeindeten Lager, aus denen die heutige SPÖ und ÖVP hervorgegangen sind, versöhnt haben und sogar gemeinsam regieren, ist man nicht besonders interessiert daran, die historischen Details dieser Zeit aufzuarbeiten. So genau will man offenbar nicht wissen, wie es eigentlich gewesen ist. Vor einigen Jahren wurden die Gelder für die

Erforschung der Ges
gestrichen, und das,
erforschen gäbe. Der
Die Presse vom Sar
veröffentlichte Artikel
in Österreichs Selbstve
jüngeren Ver-gangen
großen Koa-lition
Nachfolgern der e
bequemer erschein
Aufarbeitung. Hier gä

Erforschung der Geschichte der Ersten Republik gestrichen, und das, obwohl es noch sehr viel zu erforschen gäbe. Der von Hans Werner Scheidl in *Die Presse* vom Samstag, 27. November 2010 veröffentlichte Artikel trägt den Titel: *Rotstift wütet in Österreichs Selbstverständnis.* Das Vergessen der jüngeren Ver-gangenheit mag den derzeit in einer großen Koa-lition zusammengeschmiedeten Nachfolgern der einst verfeindeten Parteien bequemer erscheinen als ihre ehrliche Aufarbeitung. Hier gäbe es noch viel zu tun.

Kapitel 7 – Mythen gesucht

Wie verlief in Österreich nach dem Ersten Weltkrieg und nach dem Ende der Naziherrschaft die Suche nach Erzählungen, Ikonen und Symbolen, die der Nation einen psychologischen Halt bieten sollten? Hier bot sich zunächst einmal die Vergangenheit an, bildet doch eine lange und kontinuierliche Geschichte das Rückgrat einer stabilen Gesellschaft. Einerseits war Österreich das Kernland der Habsburgermonarchie gewesen, andererseits hatte es bis 1806 zum Heiligen Römischen Reich gehört, dessen Kaiser viele Jahrhunderte in Wien residiert hatten. Österreich kann sich einer großen Vergangenheit rühmen. Das Problem ist allerdings, dass es viele Aspekte seiner Vergangenheit mit anderen sowohl aus dem Heiligen Römischen Reich als auch aus der Habsburgermonarchie hervorgegangenen Nationalstaaten teilt und es somit nicht immer leicht ist, Ereignisse oder Persönlichkeiten festzumachen, die sich für eine spezifisch österreichische Mythologie verwerten lassen.

Kapitel 7.1 – Es fehlt an Mythen

Die zu Mythen verklärten kollektiven Erinnerungen spielen im seelischen Haushalt der Nationen eine ambivalente Rolle. Einerseits dienen sie der Festigung der nationalen Identität, andererseits können sie die Entwicklung eines Landes oder einer Gemeinschaft beeinträchtigen. Man sollte ihnen mit Vorsicht begegnen, auch wenn wir zugeben müssen, dass wir sie brauchen. Dass Mythen notwendig sind, zeigt sich daran, dass selbst Gemeinschaften mit einer sehr langen nationalen Tradition und einer gefestigten Identität wie z.B. Frankreich, der europäische Nationalstaat *par excellence*, nicht auf sie verzichten können. (Vgl. dazu oben, Kapitel 6). Um wieviel wichtiger wäre die ordnungsstiftende Kraft des Mythos und der Geschichte für Österreich, das Land, in dem nichts klar und eindeutig ist, für Österreich, das es vor 1918/19 nicht gegeben hat und dessen Bewohner im 19. und frühen 20. Jahrhundert laut Robert Musil „zuerst und ursprünglich nichts" waren! Welche sind die mythischen Ereignisse und Persönlichkeiten, um die sich die heutigen Österreicher scharen können, wenn es darum geht, ihre nationale Identität sichtbar zu manifestieren? Im Vergleich zu Irland, Frankreich, England oder Spanien steht Österreich in dieser Hinsicht eher arm da. Wieviele Österreicher wissen, warum ausgerechnet der 26. Oktober zum Staatsfeiertag erklärt wurde? Nicht einmal einen Nationalheiligen hat Österreich. Es besitzt nur lokale Heilige: Leopold ist der Heilige von Wien und Niederösterreich, Rupert der Heilige von Salzburg. St. Stefan, nach dem Österreichs bedeutendster Dom benannt ist, ist der Nationalheilige von Ungarn.

Und wer sind die österreichischen Helden? Andreas Hofer ist mehr eine Figur der Tiroler Geschichte und Mythologie denn ein gesamtösterreichischer Held. Über Erzherzog Karl, dessen Statue den Wiener Heldenplatz ziert, wissen die meisten Österreicher wohl wenig oder nichts. Für das Österreich, wie wir es heute kennen, hätte er wohl nicht gekämpft, es wäre ihm zu klein und zu unwichtig gewesen. Dieser „heldenmüthige[ ] Führer der Heere Österreichs" war vor allem „der beharrliche[ ] Kämpfer für Deutschlands Ehre". Viel bekannter ist Prinz Eugen, dessen Reiterstatue der des Erzherzogs Karl gegenüber steht. Dieser aus Savoyen stammende und in Paris aufgewachsene große Feldherr bewarb sich als junger Mann um eine Position in der Armee des Sonnenkönigs, wurde abgewiesen und trat dann in die Dienste des Habsburgers Leopold I., wo er durch seine militärischen Leistungen dazu beitrug, dass das Reich der Habsburger zur Großmacht aufstieg. Obwohl er kein gebürtiger Österreicher war und sein Leben lang der französischen Kultur eng verbunden blieb, ist er eine der integrativsten Persönlichkeit der österreichischen Geschichte, wenn man mit Österreich nicht das Land, das gegenwärtig so genannt wird, sondern den Machtbereich des Hauses Österreich, der Habsburger also, meint. Wie Erzherzog Karl vertrat auch Eugen nicht das, was wir heute unter Österreich verstehen, sondern die Interessen der Dynastie, der er diente, und damit auch die des

Heiligen Römischen Reiches und Deutschlands. International am bekanntesten und von der Tourismusindustrie am besten vermarktet sind der Kaiser Franz Joseph I., seine unglückliche Gemahlin Sisi, eine Art Vorläuferin der Prinzessin Diana, und die Kaiserin Maria Theresia. Letztere kam zum Kaisertitel wie in Österreich die Frau eines Doktors zum Doktortitel. Ich bezweifle, dass viele Österreicher wissen, wer der Gemahl war, dem sie ihren inoffiziellen Kaisertitel zu verdanken hatte. Maria Theresia war Königin von Ungarn und von Böhmen, aber sie war nicht Kaiserin des Heiligen Römischen Reichs, und Österreich stand sie lediglich als Erzherzogin vor. Die meisten Österreicher verehren sie als eine tüchtige Landesmutter, halten ihre Bigotterie und ihre merkwürdige Sorge um die Sexualmoral ihrer Untertanen für liebenswert und finden, dass sie viel sympathischer und menschlicher war als ihr preußischer Gegenspieler und Erzfeind Friedrich. Maria Theresia und Franz Joseph I. kommen dem Ideal einer integrativen, die Identität eines ganzen Landes formenden Herrscherpersönlichkeit am nächsten. Das Problem ist, dass sie mit dem, was wir heute unter Österreich verstehen, nicht allzu viel zu tun haben.

Österreich fehlt es nicht nur an Helden und Heiligen, welche die gesamte Nation repräsentieren, sondern auch an identitätsstiftenden historischen Ereignissen, die sich an Bedeutung mit der britischen Herrschaft in Irland, dem irischen Osteraufstand, dem Sturm auf die Bastille und der darauf folgenden Revolution oder mit der Schlacht auf dem Amselfeld und dem daraus resultierenden Verlust der serbischen Unabhängigkeit an die Osmanen vergleichen lassen. Man kann natürlich die Türkenkriege anführen, oder die Auseinandersetzungen mit Frankreich und mit Preußen, aber sie haben nur indirekt mit dem heutigen Nationalstaat Österreich zu tun. Die Türkenbelagerungen haben vielleicht den Charakter Wiens beeinflusst, nicht aber den Tirols oder Vorarlbergs. Wenn es ein staats- und identitätsbildendes Ereignis gibt, so ist es der Untergang der Habsburgermonarchie. Leider ist das keine besonders glorreiche Angelegenheit, an die man gerne zurückdenkt. Im Gegensatz dazu war die Schlacht auf dem Amselfeld, unter deren Folgen die Serben so lange litten, eine heroische Angelegenheit oder wurde zumindest als eine solche erfolgreich vermarktet: Die Serben, so der Mythos, hatten die Werte des Christentums gegen den Islam verteidigt. Sie waren den Heldentod für das Abendland gestorben!

Es ist zwar nicht möglich, den Zusammenbruch Österreich-Ungarns auf vergleichbare Weise umzudeuten, dennoch bietet die Katastrophe von 1918 die Möglichkeit, die Österreicher auf ihre Geschichte stolz zu machen. Man brauchte nur auf die enormen psychologischen und wirtschaftlichen Schwierigkeiten hinzuweisen, unter denen dieser

Staat entstand, dann wieder unterging und schließlich wieder auferstand. Dass es die nach dem Ersten Weltkrieg entstandene Republik immer noch (bzw. wieder) gibt und dass Österreich, obwohl nun ein kleines Land, eines der großen Erfolgsgeschichten des 20. Jahrhunderts darstellt, könnte eigentlich die Basis eines tragbaren Mythos liefern. Im Grunde weiß man das, und die österreichische Schulpolitik der fünfziger und sechziger Jahre hat sich auch bemüht, diese Tatsache zu vermitteln, möglicherweise sogar mit einigem Erfolg. Leider fehlt dieser Errungenschaft der große, die Massen begeisternde historische Gestus, wie er der Schlacht auf dem Amselfeld, dem irischen Osteraufstand oder der Erstürmung der Bastille eignet.

Wenn es auch an die moderne österreichische Nation in ihrer Gesamtheit vertretenden Persönlichkeiten, Ereignissen, Mythen und Ikonen mangelt, so haben in der Zweiten Republik eine Reihe von großen Ausstellungen, Buchveröffentlichungen und Fernsehdokumentationen einen seriösen und positiven Beitrag zu einem staatstragenden Geschichtsverständnis geliefert. Da gab es zum Beispiel Ausstellungen über Das Rote Wien (*Mit uns geht die neue Zeit*), über die Babenberger, Gotik in Österreich, Prinz Eugen, das Wien der Zwischenkriegszeit und über den Staatsvertrag, um nur einige zu nennen. Hugo Portisch und Sepp Riff gestalteten 1981 bis 1995 die Dokumentationsreihe *Österreich I* und *Österreich II* für das Österreichische Fernsehen (ORF), die auch in Buchform erschien. Sie behandelt das Ende der Monarchie und die Geschichte Österreichs zwischen den beiden Weltkriegen. Wikipedia stellt zu Recht fest, dass diese Dokumentationen „das kollektive Geschichtsbewußtsein der Österreicher geprägt" haben. Die Veranstalter der Ausstellungen, die Verfasser historischer Bücher und die Hersteller der Fernsehserien erkannten die Bedeutung der historischen Forschung für die Schaffung und Bewahrung der Identität einer Gemeinschaft. Österreich lässt sich nicht mit einigen wenigen ikonischen Ereignissen zusammenfassen wie andere Staaten, die Identität dieses Landes muss sozusagen Stück für Stück sichtbar gemacht werden.

Kapitel 7.2 – Wandlungen und Wanderungen

Als James Joyce während des Ersten Weltkriegs in Niederösterreich interniert war – Irland war damals Teil des britischen Weltreichs und damit war Joyce Angehöriger eines feindlichen Staates –, teilte er einem Freund in einem Brief mit, dass er plane ein Buch zu schreiben, welches die „Wandlungen" des Ulysses zum Gegenstand habe. Da die Briefe der Internierten zensuriert wurden, musste er sich der deutschen Sprache bedienen. Unter Joyce-Experten herrscht Uneinigkeit darüber, wie gut Joyce Deutsch konnte und ob er nicht etwa

„Wanderungen" statt „Wandlungen" gemeint habe? Beides passt natürlich auf Ulysses, der sowohl durch die gesamte antike Geographie wanderte als auch sich selber dauernd wandelte. Möglicherweise meinte Joyce beides. Der Name *Österreich* hat sowohl die Wanderungen als auch die Wandlungen mit Ulysses gemeinsam. Er wanderte viele Jahrhunderte auf dem europäischen Kontinent herum, und bedeutete alle paar Jahrzehnte etwas anderes, nur nicht das, was wir heute darunter verstehen. Vor 1918 gab es keine österreichische Nation, und nachdem diese unter schmerzlichen Geburtswehen auf die Welt gekommen war, wehrte sie sich ein halbes Jahrhundert erbittert dagegen, eine zu sein.

Im Folgenden sei eine kurze Zusammenfassung der Wanderungen und Wandlungen des Begriffs Österreich versucht. Es ist unvermeidlich, dabei einiges zu wiederholen, was bereits angesprochen wurde:

1. Mark, Herzogtum, Erzherzogtum, Kernland des Hauses Österreich: Angefangen hatte alles mit der an der Ostgrenze Bayerns gelegenen Ostmark, die 976 unter Kaiser Otto II. gegründet wurde, deren erster Markgraf Leopold I. von Babenberg war, und für die 996 zum ersten Mal der Name *Ostarrichi* auftaucht. Das ursprünglich zu dieser Mark gehörende Gebiet befand sich innerhalb der Grenzen vom heutigen Niederösterreich und war nur etwa 100 km lang. 1156 wurde es zum

Herzogtum erhoben. Die Babenberger starben 1246 aus, und als die Habsburger an die Macht gelangten, fiel das Gebiet, nunmehr *Österreich* oder lateinisch *Austria* genannt, an sie und wurde ihr Kernland. Die Habsburgerdynastie wurde in der Folgezeit als das *Haus Österreich* bekannt. Dieses ursprüngliche Kerngebiet, das unter der Enns lag, wurde später um *Österreich ob der Enns* (in etwa das heutige Oberösterreich) erweitert. *Österreich unter der Enns* und *Österreich ob der Enns* bildeten somit das «eigentliche» Österreich. Die Habsburger brachten in der Folgezeit auch *Innerösterreich* (Kärnten, Steiermark, Krain und das Küstenland) sowie *Tirol* und die *Vorlande* (das heutige Vorarlberg) unter ihre Herrschaft. Erst 1765 erwarben sie Hohenems, und 1779 fiel das Innviertel auf Grund des Friedens von Teschen, der den Bayrischen Erbfolgekrieg beendete, an Österreich ob der Enns.

2. ***Österreich als gesamter Herrschaftsbereich des Hauses Österreich*:** Die Dynastie der Habsburger teilte sich in die deutsche und die spanische Linie. Das *Haus Österreich* hieß in Spanien *Casa d'Austria*, und die Spanier nennen die habsburgischen Herrscher *Los Austriacos*, was natürlich nicht bedeutete, dass Spanien von Österreichern regiert wurde. Im Laufe der Zeit wurde es üblich, den Namen *Österreich* mit den Habsburgern zu assoziieren, und ab etwa 1700 steht er immer häufiger für die Gesamtheit der von der

deutschen Linie des *Hauses Österreich* regierten Gebiete. Ein offizieller Name war dies allerdings nicht! Lady Mary Wortley Montague, Zeitgenossin des Prinzen Eugen und Gemahlin des englischen Botschafters an der Hohen Pforte, behandelt in ihren Reiseberichten Wien und Österreich als Teil Deutschlands, was natürlich korrekt war. (Siehe unten, Punkt 3). Wenn wir Österreich/Austria als Namen für alle von Habsburg regierten Länder akzeptieren, dann gehörten z.B. Böhmen, Mähren, Ungarn, Slowenien, Teile Italiens, Kroatiens, Serbiens und Polens dazu. Die unter der Regentschaft Maria Theresias gegründet Mailänder Oper, *La Scala,* wäre in diesem Sinne eine österreichische Gründung.

***3. Österreich und das Heilige Römische Reich*:** Seit dem ausgehenden Mittelalter stellten die Habsburger die meisten der von den Kurfürsten gewählten deutschen bzw. römischen Kaiser. Wien wurde auf diese Weise zur kaiserlichen Residenzstadt. Ein Teil der habsburgischen Territorien gehörte zum Heiligen Römischen bzw. Deutschen Reich, andere große Gebiete, wie z.B. Ungarn mit den zur ungarischen Krone gehörenden Ländern, lagen außerhalb dieses Reiches.

***4. Kaisertum Österreich*:** Zwischen 1804 und 1867 bildeten die habsburgischen Länder zum ersten Mal ein zusammenhängendes Territorium, dessen offizieller Name nun *Kaisertum Österreich* lautete. Der erste Kaiser dieses neuen Reiches war Franz I., der als Kaiser Franz II. dem Heiligen Römischen Reiches vorstand, das er 1806 auflöste. Im Unterschied zu diesem war das Kaisertum Österreich eine Erbmonarchie. Sie wurde im Frieden von Preßburg 1805 um Salzburg erweitert, das vorher ein eigenständiges Fürsterzbistum des Heiligen Römischen Reichs gewesen war.

Die Verbindung zum übrigen Deutschland wurde auch nach der Auflösung des Heiligen Römischen Reichs nicht gekappt. Das Kaisertum Österreich blieb ein Mitglied des Deutschen Bundes und strebte danach, die Vorherrschaft in Deutschland weiterhin auszuüben bzw. wiederzuerlangen. Nach der Niederlage gegen Preußen 1866 bei Königgrätz wurde es aus dem Deutschen Bund ausgeschlossen.

5. ***Österreich-Ungarn***: Nach der Niederlage gegen Preußen und dem Ausschluss aus dem Deutschen Bund wurde das Kaisertum Österreich 1867 in die Doppelmonarchie Österreich-Ungarn (das Musilsche „Kakanien") umgewandelt, die 1918 zusammenbrach. Als Franz Joseph I. 1848 den Thron bestieg, wurde er Kaiser von Österreich und fühlte sich als deutscher Fürst. Ab 1867 war er Kaiser von Österreich-Ungarn und kein deutscher Fürst mehr. Nur ein Drittel seiner Untertanen waren deutsche Muttersprachler. Obwohl diese Doppelmonarchie offiziell Österreich-Ungarn hieß, wurde sie auch oft kurz und bündig «Österreich»

genannt. Die Gründung des neuen Deutschen Reiches 1871 unter Ausschluss der Habsburger-Monarchie stürzte viele Deutsche im habsburgischen Vielvölkerstaat in eine schwere Identitätskrise. Sie blickten voller Bewunderung auf den erfolgreichen deutschen Bruder und ersehnten nichts mehr, als sich ihm anzuschließen. Der Anschlussgedanke, der schließlich 1938 verwirklicht wurde, kam damals auf.

6. Die Erste Republik: Nach der Niederlage von 1918 blieb der deutschsprachige Rest des Habsburgerreiches als eigenständiges Gebilde übrig. Georges Clemencau sagte bekanntlich: *L'Autriche c'est qui reste.* Es bestand im Wesentlichen aus den unter Punkt 1 angeführten Gebieten, also den deutschsprachigen Erbländern der Habsburger. Dazu kam noch das Burgenland, das vor dem Krieg zur ungarischen Reichshälfte, zu Transleithanien, gehört hatte. Die Siegermächte sprachen es der Republik Österreich zu, die es 1921 offiziell als Bundesland aufnahm. Die Bewohner dieses neuen Staates fühlten sich mehrheitlich dem deutschen Kulturkreis verbunden und dem deutschen Volk zugehörig. Nach dem Zusammenbruch Österreich-Ungarns war die wirtschaftliche und politische Lage des deutschsprachigen Überbleibsels des Vielvölkerstaates katastrophal und ließ die Vereinigung mit Deutschland als den einzigen Weg erscheinen, das Überleben zu sichern. Der von den meisten Politikern und von der Mehrheit der Bevölkerung nach 1918 gewünschte Anschluss des zuerst „Deutschösterreich“ genannten Rumpfstaates an Deutschland wurde jedoch von den Siegermächten untersagt. Das Wort *Deutsch* musste aus dem Namen entfernt werden, und so entstand das neue Österreich als „der Staat, den keiner wollte" (Hellmut Andics).

*7. **Der Ständestaat***: Nach der Auflösung des Parlaments 1934 wurde Österreich unter dem Kanzler Engelbert Dollfuß in einen „christlich-deutschen Ständestaat“ umgewandelt, der sich u.a. als eine Art besseres Deutschland verstand. (Siehe dazu unten, Kapitel 7.5).

*8. **Die Ostmark und „Dritte Reich“***: Die Zählebigkeit des Anschlussgedankens war der Hauptgrund dafür, dass es zwischen den beiden Weltkriegen nicht gelang, eine republikanisch-österreichische Identität aufzubauen. 1938 wurde der erst zwei Jahrzehnte zuvor geborene Nationalstaat Österreich in das „Dritte Reich" einverleibt. Die Nazis bewiesen einen zynischen Sinn für Geschichte, als sie dem angeschlossenen Österreich den Namen *Ostmark* verpassten. Sie knüpften damit an die frühe Geschichte des Landes an, in der es ein Vorposten des Heiligen Römischen Reiches gewesen war und reduzierten es so auf die Rolle eines Randgebietes des „Dritten Reichs", in das es «heimgeholt» worden war. Es dauerte freilich nicht lange, bis der Name Ostmark verschwand und Österreich auch als Begriff vollkommen ausgelöscht wurde. Die Rolle, die es als Kernregion des Hauses Österreich und damit als Zentrum einer Großmacht gespielt hatte, wurde auf diese Weise auf seine bescheidenen Anfänge reduziert, bevor das Land schließlich auch diesen Namen verlor und seiner Identität vollkommen beraubt wurde.

9. ***Die Zweite Republik***: Es bedurfte der Erfahrungen des realen Anschlusses an das Hitler-Deutschland und der Gräuel des Zweiten Weltkriegs, um die Österreicher (oder wenigstens die meisten von ihnen) von der Sehnsucht nach der Vereinigung mit dem großen Bruder zu heilen. Nach dem Ende des Zweiten Weltkriegs erhob sich Österreich aus der Asche und wurde 1955 wieder frei. Der Staat wurde innerhalb der Grenzen von 1918/19 wiederhergestellt. In den folgenden Jahrzehnten stabilisierte sich das Land, und allmählich lernten seine Bewohner, ihre kleinstaatliche und republikanische Identität zu akzeptieren.

Kapitel 7.3 – Fragmentierte und kontinuierliche Erinnerung

Aus den bisherigen Ausführungen dürfte ersichtlich geworden sein, was das Hauptproblem, mit dem sich die österreichischen Mythenbildner herumzuschlagen hatten, war: Österreich leidet an einem eklatanten Mangel an kontinuierlicher Erinnerung. Anders ausgedrückt: Die kollektiven Erinnerungen des Landes sind fragmentarisch. Der Vergleich mit anderen Gemeinschaften soll dies verdeutlichen.

Kapitel 7.3.1 - Die Juden

Am 24. Jänner 2011 hörte ich im Ersten Radioprogramm des Österreichischen Rundfunks (Ö1) in der Morgensendung *Gedanken zum Tag* kurz vor dem um 7 Uhr beginnenden *Morgenjournal* den Satz: „Jude sein, heißt sich erinnern." Die Juden, gleichgültig, ob man sie als Volk, als Schicksalsgemeinschaft oder als Glaubensgemeinschaft betrachtet, bewahren einen Schatz überlieferter Erzählungen, der von Generation zu Generation weitergegeben wird. Aus ihm bezieht das Judentum die ungeheure Kraft, der es sein Überleben verdankt. Die Erinnerungen der Juden reichen weit in die Vergangenheit zurück und sie sind kontinuierlich. Dies macht die geographische Fragmentierung der jüdischen Gemeinschaft wett. Die Juden sind zwar über die ganze Welt verstreut und leben in verschiedenen Staaten mit höchst unterschiedlichen Kulturen und sprechen verschiedene Sprachen, doch das Band der gemeinsamen Erinnerungen überwindet alle diese Unterschiede.

Kapitel 7.3.2 - Die Iren

Ein anderes Beispiel einer Gemeinschaft mit einer langen ununterbrochenen Erinnerung bietet Irland. Irland hat den Vorteil, eine Insel zu sein und damit über eindeutige natürliche Grenzen zu verfügen. Wenn wir von den Problemen in Nordirland zunächst einmal absehen, sind die historischen Erinnerungen und identitätsstiftenden Mythen im ganzen Land recht einheitlich. Wir lassen die mythischen Erzählungen von Riesen und Supermännern der keltischen Vorzeit beiseite und beginnen in der zweiten Hälfte des 12. Jahrhunderts. Damals hatte der König von Leinster, Diarmait Mac Murchada, nach der Niederlage gegen Rory O'Connor, den König von Connacht, Land und Krone verloren. Er floh 1166 nach England und suchte Verbündete. Dort erhielt er die Unterstützung des Earls of Pembroke, Richard FitzGilbert de Clare, besser bekannt als *Strongbow,* der ihm half, das Verlorene zurückzuerobern. Nach Mac Murchadas Tod erbte Strongbow, der Mac Murchadas Tochter, Aoife, geheiratet hatte, Leinster, was König Henry II auf den Plan brachte, dem sich Strongbow unterwerfen musste. Auf diese Weise fasste England Fuß in Irland und blieb! Jahrhunderte lang versuchten die Iren in immer neuen und immer wieder erfolglosen Aufständen, die Fremdherrschaft abzuschütteln. Es gab nur einen Feind: England, und nur ein Ziel: die Engländer loszuwerden. Unzählige Lieder verherrlichen den Kampf gegen den Erbfeind, sie sind ein wesentlicher Bestandteil der irischen Folklore geworden. Gleichzeitig übernahmen die Iren von den Engländern die meisten Sitten, Gebräuche, Rituale und Lebensformen und schließlich sogar die Sprache. Sie hassten England zutiefst, gleichzeitig aber ließen sich viele Iren in England nieder, weil sie dort bessere Lebensbedingungen vorfanden. Bis heute denken junge Iren, die ihr Land aus wirtschaftlichen Gründen verlassen müssen, zuerst daran, nach England zu gehen, danach denken sie an die Vereinigten Staaten von Amerika, Kanada und Australien. Auf den europäischen Kontinent, der allen EU Bürgern offensteht, wandern nur wenige aus. Erstens sprechen die Iren keine Fremdsprachen, und zweitens ist die kulturelle Affinität mit Europa nicht besonders stark entwickelt. Eine ehemalige Ministerin für Industrie und Wirtschaft, Mary Harney, erklärte in einer berühmt gewordenen Rede vor US amerikanischen Investoren, dass Dublin Boston näher stehe als Berlin. Wie dem auch sei, die jahrhundertlange Fokussierung auf einen einzigen Feind und auf ein einziges Ziel hat der irischen Nation zu einem starken Identitätsgefühl verholfen. Dass man im Großen und Ganzen so lebt wie in England, dass die Häuser aussehen wie englische Häuser, dass das Essen nicht anders schmeckt als in England, dass man die Sprache des Erbfeindes übernommen hat, dass man das Weihnachtsfest auf die gleiche Weise begeht wie die Engländer, all das ändert nichts daran, dass man sich als etwas ganz anderes fühlt. Der englische Erbfeind trug paradoxerweise entscheidend zur Herausbildung des irischen Nationalgefühls bei. Vermutlich ist Irland das einzige Land der Welt, in dem man sich nach all den nationalistischen Gräueln, die Europa heimgesucht haben, immer noch stolz als „Nationalist" bezeichnen kann. Die Partei der Sinn Fein, die inzwischen der Gewalt abgeschworen hat, für die sie als politischer Flügel der militanten Untergrundbewegung IRA mitverantwortlich gewesen war, nennt sich eine *nationalist party* und fährt damit sehr gut.

Ethnisch betrachtet ist die irische Bevölkerung eine Mischung aus Kelten, Wikingern, Normannen, Angelsachsen und Schotten. Die Normannen kamen aus England, das sie von Nordfrankreich aus 1066 in der Schlacht bei Hastings erobert hatten. Strongbow und Henry II. waren Normannen. Der Grundstein der englischen Herrschaft wurde also von den Normannen gelegt, die England und die dort lebenden Angelsachsen erst 100 Jahre zuvor unterworfen hatten. Die englische Nation und die englische Sprache sind bekanntlich das Resultat der Verschmelzung der französisch sprechenden Normannen und der einen germanischen Dialekt sprechenden Angelsachsen. Mit den Engländern kamen in den folgenden Jahrhunderten auch viele Waliser und Schotten im Zuge der sogenannten *plantations* nach Irland: Im 16.

und 17. Jahrhundert wurden unter Henry VIII, Mary I, Elizabeth I, James I, James II und Cromwell irische katholische Landbesitzer enteignet und ihr Land an protestantische *planters* aus England, Schottland und Wales vergeben. In Nordirland, das bis heute zum Vereinten Königreich gehört, ersetzten vor allem schottische Protestanten die irischen Grundbesitzer. Ihre Nachkommen sind die heutigen *Unionists* die mit aller Energie dafür eintreten, dass Nordirland Teil des Vereinten Königreiches bleibt. Die Mehrheit der Katholiken hingegen fühlt sich der irischen Nation zugehörig und ersehnen, wenigstens langfristig, ein vereintes Irland. Man bezeichnet sie als *Nationalists* oder, da sie sich weigern, den König oder die Königin als Oberhaupt anzuerkennen, als *Republicans*. Anstatt von der englischen spricht man also besser von der britischen Herrschaft in Irland.

Die Nachfahren der Kelten, Wikinger und der im 12. Jahrhundert nach Irland gekommenen Normannen und Angelsachsen bilden den Grundstock der heutigen irischen Bevölkerung. Familien mit normannischen Namen wie Fitzgerald oder Devreux haben sich voll integriert und werden genauso wie die O'Connells, McDonnells usw. als «echte» Iren akzeptiert. Komplizierter ist die Situation der Nachfahren der *planters*. Nur teilweise integriert haben sich viele in der heutigen Republik Irland lebende Anglo-Iren, deren Vorfahren als *planters* ins Land gekommen waren.

Nach der Erlangung der Unabhängigkeit Irlands kehrten viele in das «Mutterland» zurück. Diejenigen von ihnen, die im Lande blieben, bekennen sich zwar heute zur irischen Republik, doch halten die meisten von ihnen nicht nur an ihrer protestantischen Religion, sondern auch weitgehend an ihrem englischen Akzent und der Lebensweise der gehobenen englischen Schichten fest. Wenn sie es sich leisten können, schicken sie ihre Kinder in Privatschulen nach England (die absurderweise *public schools* heißen, obwohl sie das genaue Gegenteil von öffentlich sind!). Selbst diejenigen, die beteuern, sich mit Irland ganz zu identifizieren, sind durch eine kulturelle Kluft von der Mehrheit der Bevölkerung getrennt. Die Familie, aus der Oscar Wilde stammt, ist ein gutes Beispiel dafür. Der Vater, Sir William Wilde, war ein bekannter Dubliner Augen-und-Ohren-Chirurg, die Mutter, Lady Wilde, sympathisierte mit der irischen Unabhängigkeitsbewegung und sammelte keltische Märchen. Oscar erhielt zuerst zu Hause Privatunterricht, als er neun Jahre alt war, schickten ihn die Eltern nach Enniskillin, Co. Fermanagh, im heutigen Nordirland, wo er die protestantische Portora Royal School besuchte. 1871–1874 studierte er klassische Sprachen am Dubliner Trinity College, damals eine rein protestantische Universität, und von 1874–1878 war er Student in Oxford. Er ließ sich in London nieder, wo er seine Triumphe und seinen Absturz erlebte. In seinen Stücken findet sich keine Spur seiner irischen Herkunft, vielmehr können sie als Musterbeispiele quintessentiellen Engländertums gelten. Wieviele Menschen außerhalb Irlands wissen, dass er, ebenso wie übrigens auch Jonathan Swift und Bernard Shaw Ire (bzw. Anglo-Ire) war?

Colm Tóbín besuchte auf seiner Wanderung entlang der Grenze zwischen der irischen Republik und Nordirland *Hilton Park Estate* in Scotshouse, einem Ort in der irischen Republik ganz nahe an der Grenze zu Nordirland. Dieser herrschaftliche Besitz ist seit fast dreihundert Jahren im Besitz der Familie Madden. Der gegenwärtige Grundherr heißt John (genannt Johnny) Madden. Er gehört zu den integrationswilligen Anglo-Iren, so sehr, dass er seine Kinder nicht in eine protestantische Elite-Volksschule, sondern in die lokale katholische National School in Scotshouse schickte. Sein Urgroßvater, der ebenfalls John hieß, hatte da noch ganz andere Ansichten! Während des Hungerstreiks im Jahre 1981, in dem mehrere in Long Kesh gefangen gehaltene Mitglieder der IRA starben, von denen Bobby Sands am bekanntesten wurde, kam es zu schweren Unruhen in Nordirland und in den Grenzgebieten. Johnny Madden fürchtete um die Sicherheit seines Besitzes, er hatte Angst, dass man ihn niederbrennen würde. Einer seiner Arbeiter versicherte ihm jedoch, dass ihm nichts angetan werde, da die Maddens den Einheimischen immer Arbeit gegeben hatten, wenn es sonst nirgendwo Arbeit gab. Und ein

Polizist beruhigte ihn: Die Leute erinnern sich, dass die Maddens ihren Besitz im Jahre 1732 gekauft hatten und nicht als *planters* gekommen waren. (Vgl. Tóbín, S. 114). Dennoch: so sehr sich auch Johnny Madden bemühen mag, ein echter Ire zu sein, eine Kluft bleibt bestehen, eine Kluft, die nur zum Teil auf den Klassenunterschied zurückzuführen ist. Eines Abends zeigte er Colm Tóbín ein Büchlein mit einem Zitat eines indianischen Häuptlings, den sein Urgroßvater kennengelernt hatte:

> We were born under the shadow of those trees; and our fathers' bones were buried beneath them. Should we say to the bones of our forefathers: "Arise and come with us into a foreign land?"
> (S. 113).

Johnny Madden meinte, dass dies gut auf die Situation der englischen Protestanten passe, die im unabhängig gewordenen Südirland zurückblieben.

Ganz anders ist die Situation in Nordirland, oder, wie die protestantischen Nordiren es nennen, in Ulster. Die dort lebenden protestantischen *Unionists*, die von zumeist von schottischen Presbyterianern abstammen, betrachten sich bis heute als Briten und halten an der Union mit dem britischen Mutterland fest. Sie führen Namen wie McKenzie, Paisley, Craig und dgl., wodurch sie leicht von den katholischen Nordiren, den *Nationalists* oder *Republicans*, zu unterscheiden sind, die Higgins, Donnelly, Connel, O'Connel, Kelly,

Devlin u.ä. heißen. Selbstverständlich haben die beiden einander feindlich gegenüberstehenden Gemeinschaften Nordirlands jeweils andere Erzählungen, Symbole und Rituale und damit sehr verschiedene Identitäten. Die *Unionists* feiern jedes Jahr die Erinnerung an die Schlacht an der Boyne, in welcher William of Orange am 1. Juli 1690 (Jahreszählung nach dem Julianischen Kalender!) bzw. am 12. Juli 1690 (nach der gregorianischen Zeitrechnung) den katholischen Thronanwärter James aus dem Hause der Stewards besiegte und damit die protestantische Vorherrschaft in Irland sicherte, mit einer Unzahl von provokanten Aufmärschen. Die katholischen *Nationalists* bzw. *Republicans* haben dagegen ihre St. Patrick's Parade am 17. März, die allerdings lange Zeit im Norden verboten war. Sie pflegen einige irische bzw. gälische Sportarten wie Gaelic Football, Hurling und Camogee. Und, was wohl den wichtigsten Unterschied zwischen den beiden Gemeinschaften ausmacht: während die meisten Katholiken auf die Frage, nach ihrer Nationalität mit „irisch" antworten, deklarieren sich die unionistisch gesinnten Protestanten als Briten. Colm Tóbín war höchst verwundert, als er feststellte, dass sich die protestantischen nordirischen Gäste einer Frühstückspension, in der er übernachtete, in das Gäste-buch unter der Rubrik „nationality" als „British" eingetragen hatten:

> I had always known that Protestants in the North considered themselves British, but when I saw it

> there in fresh biro it came as a shock. They were from Omagh, they talked with Omagh accents. How could they be British? (S. 86).

So verwunderlich, wie Tóbín meint, ist das freilich nicht. Erstens stimmt es rein juristisch: die Gäste hatten britische Pässe; und zweitens fühlten sie sich als Briten, und das ist letzten Endes entscheidend. In der Verwunderung Tóbíns manifestiert sich eine ihm selbst wohl nicht bewusste nationalistische Haltung völkischer Färbung. Trotz der unüberbrückbar scheinenden Kluft, die sie voneinander trennt, haben Unionisten und Nationalisten sehr vieles gemeinsam, und dies macht es für Ausländer so schwer, sie voneinander zu unterscheiden und ihren bitteren Konflikt zu verstehen. In Südtirol sieht man sofort, wer ein Südtiroler und wer ein Italiener ist: Die beiden dort lebenden Volksgruppen sprechen verschiedene Sprachen, tragen verschiedene Trachten, essen verschiedene Speisen, und wohnen in sehr verschieden aussehenden Häusern. In Nordirland hingegen sprechen alle englisch und sie sprechen es mit dem gleichen Akzent, sie kleiden sich wie die meisten Menschen überall in Großbritannien und Irland, und ihre Ess- und Wohngewohnheiten verraten nicht, welcher Gruppe sie angehören. Zur Sprache ist übrigens anzumerken, dass es zwar eine irische Nationalsprache gibt, das Gälische, oder, wie es meistens genannt wird, das Irische, doch beherrscht dies nur einer Minderheit. Die Briten können sich rühmen, auf dieser Insel einen höchst erfolgreichen Sprachimperialismus betrieben zu haben.

So gravierend die Probleme der *divided community* Nordirlands auch sind, von der großen Mehrheit der im Süden der Insel, also in der irischen Republik lebenden Menschen werden sie kaum wahrgenommen. Dort gibt es zwar die Anglo-Iren, doch sind es ihrer so wenige, dass sie nicht weiter ins Gewicht fallen. Die Bevölkerung der Republik Irland ist ziemlich homogen und besitzt einen gemeinsamen Schatz an fast tausend Jahre zurückreichenden Erinnerungen, die durch den Widerstand gegen die britische Herrschaft geprägt sind.

Kapitel 7.3.3 – Die Österreicher

Im Gegensatz zu den Juden und Iren besitzen die Österreicher keinen nennenswerten Erinnerungsschatz, der als unteilbarer Besitz der Nation gelten kann. Die Mehrheit der Erinnerungen, die von 1918 in die Vergangenheit zurückreichen, teilen sie mit den anderen Nachfolgestaaten der Monarchie und mit Deutschland. Nun wird auch verständlicher, warum sich, wie wir im Kapitel 4.9 gesehen haben, die heutigen Südtiroler nicht als Österreicher bezeichnen. Obwohl Österreich als Schutzmacht der Südtiroler das Problem der deutschsprachigen Minderheit des *Alto Adige* vor die UNO brachte und damit langfristig Erfolg hatte, betrachten sich die Südtiroler nicht als Österreicher. Dies unterscheidet sie von den nordirischen Protestanten, die sich eindeutig als Iren begreifen. Als die Siegermächte Südtirol 1918 Italien zusprachen und die von Italien lang ersehnte Brennergrenze etablierten, gab es das heutige Österreich noch nicht bzw. machte dieses gerade die Geburtswehen durch. Vor dem Ende der Monarchie war Südtirol Teil Tirols gewesen, und Tirol war zwar ein habsburgisches Erbland, aber nicht Österreich im engsten Sinne. Als Hitler an die Macht kam, hofften viele Südtiroler, dass er ihr Land in sein „Drittes Reich" «heimholen» werde. Diese Hoffnung zerschlug sich freilich sehr bald, da Hitler Mussolini, um ihn als Bundesgenossen zu gewinnen, Südtirol überließ. Das Angebot Hitlers, den Südtirolern, die nicht in Italien leben wollten, neues Land in den eroberten Gebieten des Ostens zu schenken, sie also zu *planters* zu machen, nahmen viele an. Sie sind als die Optanten oder „Weggeher" bekannt, diejenigen, die blieben, sind als die „Dableiber" in die Geschichte eingegangen. Nach der Niederlage Hitlers kehrten die meisten der „Weggeher" reumütig in ihre Südtiroler Heimat zurück. In der eindrucksvollen unter der Regie von Karin Brandtauer hergestellten Fernsehserie *Verkaufte Heimat,* zu der Felix Mitterer das auch in Buchform erschienene Drehbuch geschrieben hat, wurde die Tragödie der Südtiroler vielen Menschen nahe gebracht. Was immer die Südtiroler sein mögen, Österreicher sind sie nicht und sie fühlen sich heute auch nicht als solche. Sie betrachten sich als Südtiroler und damit als Tiroler. Dass sie unmittelbar nach dem Zweiten Weltkrieg mehrheitlich den Anschluss an Österreich wünschten, hatte wohl mehr mit der Sehnsucht nach Wiedervereinigung mit Nord- und Osttirol zu tun als mit dem Wunsch, Österreicher zu werden.

Obwohl Südtirol und das heutige Österreich viele geschichtliche Erfahrungen miteinander teilen, reicht der Schatz der Erzählungen nicht aus, eine gemeinsame Identität herzustellen, wie sie zwischen katholischen Nordiren und der Bevölkerung der Republik besteht. Alle Regionen, die nach dem Ersten Weltkrieg zur Republik Österreich kamen, hatten verschiedene historische Erinnerungen. Wien hatte andere Erinnerungen als Vorarlberg, Kärnten oder Oberösterreich. Gemeinsamkeiten mussten erst ge- oder erfunden werden. Man darf man wohl sagen, dass sich von allen Erinnerungen, die das heutige Österreich prägen, die an das Haus Habsburg als die wichtigsten erwiesen haben. Sie mussten natürlich den neuen Verhältnissen angepasst und mit einigen neuen Mythen, auf die wir weiter unten zu sprechen kommen, kombiniert werden, aber ohne den Habsburgermythos gäbe es kein österreichisches Selbstbewusstsein und keine österreichische Identität. Oswald Spengler hatte wohl Recht!

Kapitel 7.4 – Feinde als Geburtshelfer nationaler Identität

Wir sagten vorhin, dass Irland durch den Jahrhunderte währenden Konflikt mit dem Erbfeind England bzw. Großbritannien geprägt wurde und dass Feindbilder eine große Rolle im Aufbau der Identität einer Gemeinschaft spielen können. Es lassen sich weitere Beispiele der Prägung eines Landes durch Auseinandersetzungen mit einem großen Feind anführen. So bedeutend England für die Festigung der irischen Identität war, so belanglos war Irland in dieser Hinsicht für England. Dazu war es einfach zu klein und zu unwichtig. Englands Erbfeind war Frankreich und Frankreichs Hauptfeind war England. Man darf annehmen, dass sich die Identität dieser beiden großen Nationen sehr wesentlich in den gegenseitigen politischen und kulturellen Auseinandersetzungen herausgebildet hat. Wer aber war der Hauptfeind Österreichs, an dem oder gegen den sich der österreichische Nationalcharakter entwickelte? Manche werden sagen: die Türken. In der Tat haben die Türken die habsburgischen Länder lange Zeit bedroht. Aber das Osmanische Reich war so anders als die habsburgischen Länder und als das Heilige Römische Reich, dass es zu keiner echten Auseinandersetzung mit der Kultur des Gegners kommen konnte, wie das zwischen England und Frankreich möglich war. Um sich aneinander zu definieren, muss man sich bis zu einem gewissen Grad gut verstehen, und das war zwischen den Ländern Habsburgs und dem Osmanischen Imperium nicht der Fall. Außerdem wurden die Türken nach den Siegen des Prinzen Eugen zu zeitweisen Verbündeten der Habsburgermonarchie. Überhaupt war das Haus Österreich mit allen Mächten des Kontinents zeitweise verfeindet und dann wieder verbündet. Man kämpfte gegen Franzosen, Engländer, Russen, Türken, Italiener, Serben, Bayern und Preußen und dann verbündete man sich mit ihnen, wenn es Vorteile brachte. Die diplomatischen und militärischen Beziehungen änderten sich fortwährend, eine klare Linie, die einer kontinuierlichen Entwicklung der österreichischen Identität hätte dienen können, ist schwer erkennbar. Keine feindliche Macht war lange genug feindlich, um sich in Abgrenzung von ihr zu definieren. Auch das in der populären Auffassung als Erbfeind betrachtete Preußen war öfters Habsburgs Verbündeter als Gegner, und von der Fragwürdigkeit des Versuchs eine österreichische Identität im Gegensatz zu Preußen zu konstruieren, war bereits im Kapitel 2.1 die Rede. Die Habsburger hielten sich vielleicht deswegen so lange an der Macht, weil sie es verstanden, je nach Bedarf Feinde zu Freunden und Freunde zu Feinden zu machen, Kompromisse zu schließen und sich mit Hilfe von immer wechselnden Verbündeten durch das politische und militärische Wirrwarr Mitteleuropas durchzulavieren. Möglicherweise hat genau dies auf die kollektive Mentalität der heutigen Österreicher abgefärbt.

Kapitel 7.5 – Habsburgisch oder deutsch?

Österreich war der einzige Nachfolgestaat des Habsburgerreiches, in dem sich von Anfang an maßgebliche Kreise ernsthaft um die Bewahrung der historischen Kontinuität zwischen der jungen Republik und der Monarchie bemühten. Die anderen Staaten, die nach dem Zusammenbruch der alten Ordnung entstanden waren, taten zunächst ihr Bestes, alles, was mit Habsburg zu tun hatte, aus der Erinnerung zu verdrängen. Auch in Österreich gab es derartige Versuche: Für die Sozialdemokraten war das 1918 entstandene Österreich genauso wie etwa Ungarn oder die Tschechoslowakei ein Nachfolgestaat Österreich-Ungarns, endlich befreit von den verhassten Habsburgern. Wenn es eine Vergangenheit gab, an der sich das Land ihrer Auffassung nach orientieren sollte, dann war es die deutsche Vergangenheit, wobei besonders die deutsche Aufklärung und die deutsche Klassik als richtungsweisend angesehen wurden. In seiner Rede *Schulreform und Klassenkampf* forderte Otto Bauer die „Nationalisierung" des Unterrichts der österreichischen Geschichte. Darunter verstand er, dass mit der „Habsburgerlegende" aufgeräumt und die Entwicklung Österreichs im Zusammenhang mit der deutschen Nationalgeschichte gelehrt werden solle. (Siehe dazu Schmidt-Dengler, S. 34). Die Jahrhunderte währende Herrschaft der Habsburger, die laut Oswald Spengler die Österreicher geprägt und den übrigen Deutschen entfremdet hatte, stellte für Otto Bauer lediglich eine Unterbrechung der eigentlichen, mit Deutschland verbundenen Geschichte des Landes dar. Es war daher nur logisch, dass die Sozialdemokraten den Willen zum Anschluss an Deutschland in ihr Programm einschrieben. In dieser Hinsicht dachten sie wie die Deutschnationalen, die bereits vor 1918 das Ende der Habsburgermonarchie herbeigewünscht hatten, um sich dem geliebten großen Bruder in die Arme werfen zu können. Fairerweise muss man erwähnen, dass die Sozialdemokraten den Passus, in welchem sie den Willen zum Anschluss bekundeten, nach der Machtergreifung Hitlers 1933 aus ihrem Programm strichen. Im Gegensatz zu den Sozialdemokraten betrachteten die Christlich-Sozialen den 1918 entstandenen Kleinstaat als den Nachfolger des habsburgischen Reiches, dem es zukam, dessen bedeutendes kulturelles Erbe zu bewahren. Aber auch viele von ihnen hegten, ebenso wie die Ständestaat-Katholiken, brüderliche Gefühle für das benachbarte deutsche Volk! Die sich an Habsburg orientierende Staatsmythologie erfreute sich bei der Bevölkerung weit größerer Akzeptanz als die Forderung der Sozialdemokraten, mit der

„Habsburgerlegende" aufzuräumen. Wahrscheinlich hat dies damit zu tun, dass das ganze Land, und insbesondere Wien von so zahlreichen Denkmälern der imperialen Vergangenheit übersät und von so vielen Erinnerungen an das Haus Österreich geprägt ist, dass man Habsburg nicht schlicht und einfach vergessen kann.

Dass sich der Habsburgermythos in der Ersten Republik nicht als staatstragend erwies, liegt zum einen an seiner Rückwärtsgewandtheit und zum anderen daran, dass er vom deutschen Bazillus infiziert war. Den meisten Österreichern, auch den habsburgtreuen, widerstrebte es, sich «nur» als Österreicher zu fühlen, immer fühlten sie sich irgendwie auch noch als Deutsche, zumindest als deren enge Verwandte, als Brudervolk und dgl., was der Schaffung eines österreichischen Nationalbewusstseins nicht gerade förderlich war. Selbst Hugo von Hofmannsthal, der den etwas peinlichen Mythos vom österreichischen Menschen als Gegenstück zum Preußen erfand, hielt, wie wir gesehen haben, daran fest, dass Österreich zum deutschen Kulturbereich gehört, innerhalb dessen er ihm allerdings eine besondere Position zugestand. Auch für den österreichischen Patrioten Anton Wildgans war Österreich „das Herzland deutscher Väter". Ich zitiere drei Strophen seines Gedichts *Das österreichische Credo*:

> Klein bist du zwar, mein Vaterland, geworden,
> Ein Baum, entblättert durch der Zeiten Sturm,

Sieht deine Grenzen doch nach Ost und Norden
Beinah der Wächter jetzt vom Stephansturm.

Und was da fiel, sind leider nicht nur Blätter.
Abbrach auch mancher engverwachsene Ast.
Doch immerhin: das Herzland deutscher Väter,
Der Stamm blieb zwar nicht ganz, doch blieb
er's fast.

Er war's ja immer, den wir heimlich meinten,
Wenn unsre Lippe aussprach: Österreich.
Denn all die anderen, die mit uns Vereinten
Empfanden fremd, zumindesten nicht gleich.
(S. 365).

Es war also kein Widerspruch, als habsburgtreuer Altösterreicher der untergegangenen Monarchie nachzutrauern und sich gleichzeitig dem Deutschtum verbunden zu fühlen! Die Synthese aus habsburgtreuem Österreichertum und der Identifikation mit dem Deutschtum war im Kaisertum Österreich und in Österreich-Ungarn häufig anzutreffen. In den Befreiungskriegen gegen Napoleon träumten viele deutsche Österreicher von der Errichtung einer einigen und starken deutschen Nation. Wir erinnern uns, dass Erzherzog Karl für Deutschlands Ehre gekämpft hatte! Die von einem vereinten und mächtigen Deutschland träumenden Deutsch-Österreicher wurden natürlich enttäuscht, weil das österreichische Herrscherhaus keine deutsch-nationalen Ziele, sondern die Politik eines multinationalen Reiches verfolgte. Nach dem Ausschluss des Habsburgerstaates aus dem Deutschen Bund 1866 und der Ausrufung des Deutschen Kaiserreiches 1871 spitzte sich „die schizophrene Situation“ der deutschsprachigen Untertanen Habsburgs zu: Waren sie nun, so formulierten Haidinger und Steinbach das Dilemma, „österreichische Deutsche oder deutsche Österreicher“? (S. 72). Viele gerieten ins deutschnationale Fahrwasser und wendeten sich von Habsburg ab und den Hohenzollern zu. Der alte Grillparzer verstand es noch, den Widerspruch auszugleichen:

> Wir Deutsche in Österreich können deutsch fühlen, ohne uns des Verrats an unserem Vaterlande schuldig zu machen. Uns ist neuerdings die Aufgabe zugefallen, der Welt zu beweisen, dass man ein guter Deutscher sein könne, ohne darum aufzuhören, ein guter Österreicher zu sein. (Zitiert nach Haidinger und Steinbach, S. 82).

Im Kapitel 2.3 haben wir bereits erwähnt, dass Kurt Schuschnigg, der letzte Kanzler Österreichs vor der halb freiwilligen, halb erzwungenen „Heimkehr" ins „Reich", an der Idee, dass Österreich deutsch sei, bis zum Ende seines Lebens festhielt. Natürlich war er sich bewusst, dass es die extrem deutsch-nationalistische Ideologie war, die Europa in zwei Weltkriege gestürzt hatte, doch gab er die Schuld daran dem preußischen Militarismus. Warum dieser ausgerechnet in der Politik des Österreichers Adolf Hitler kulminierte, erklärt er nicht. Angesichts der Preußenbegeisterung des „Führers", der Friedrich den (sogenannten) Großen hoch verehrte, ist es doch etwas merkwürdig, dass Schuschnigg noch nach 1945 den Deutschen empfahl, an der Lebensart Österreichs zu genesen:

> Darum hatte Österreich als zweiter deutscher Staat seinen Sinn und seine Bedeutung. Darum betonte Österreich, auch als es im mörderischen Bruderkampf stand und für sein Recht, seine Freiheit, seinen Staat, seine Ideale kämpfte, trotz allem die geistig deutsche Vergangenheit.
>
> Es wäre ein Segen für alle, wenn in kluger Besinnung auf Tradition und Geschichte die österreichische Wesensart als repräsentative Vertretung des echten deutschsprachigen Europäertums sich für alle Zukunft durchsetzen würde. (S. 38).

Für Schuschnigg war Österreich nicht nur ein „zweiter deutscher Staat", sondern eine Art besseres Deutschland! Er weigerte sich, gegen die einmarschierenden deutschen Truppen Widerstand zu leisten, da er keinen Bruderkrieg wollte. Der Mythos des Blutes hatte sich in den Köpfen österreichischer Politiker eingenistet und beeinflusste wichtige Entscheidungen.

Nach dem Zweiten Weltkrieg und der Teilung Deutschlands verliehen Kommunisten und Linksintellektuelle der DDR den Ehrentitel „besseres Deutschland", aber auch Österreich wurde den Ruf, ein deutscher Staat zu sein, bis in die jüngste Vergangenheit nicht los: Zur Zeit des Zusammenbruchs des ostdeutschen Regimes und während der Debatte für und gegen die Vereinigung Deutschlands bezeichneten einige ausländische

Medien Österreich nach der Bundesrepublik und der Deutschen Demokratischen Republik als den dritten deutschen Staat. Noch in der Mitte der neunziger Jahre des 20. Jahrhunderts vertraten, wie bei Erich Zöllner nachzulesen ist, einige Historiker „die These von drei Staaten (Bundesrepublik Deutschland, Deutsche Demokratische Republik und Republik Österreich), zwei Nationen (deutsch – österreichisch) und einem deutschen Volk, dieses vor allem als historische, als sprachlich-kulturelle Gemeinschaft gesehen". (S. 95).

Selbstverständlich haben Deutschland und Österreich vieles gemeinsam: die beiden Länder verbindet nicht nur die Sprache, sondern auch eine lange Geschichte und ein großer Teil des kulturellen Erbes. Österreich gehört zweifelsohne zur deutschsprachigen kulturellen Gemeinschaft. Das bedeutet aber nicht, dass es ein deutscher Staat ist. Dass diesbezüglich nach der Katastrophe des „Dritten Reiches" in Österreich ein Umdenken stattgefunden hatte und dass, wie Erich Zöllner darlegte, „man das Bekenntnis zur österreichischen Nation in der Zweiten Republik vor allem zur Abgrenzung gegen die Deutschen betonte", (S. 95) war vielen ausländischen Journalisten nicht bewusst. Der Bruch mit der lange gehegten Idee, dass die Österreicher dem deutschen Volk angehörten, war der entscheidende Schritt zur Schaffung einer neuen, republikanischen Identität Österreichs. Dass es so lange dauerte, bis es dazu kam, hat historische Gründe, die Haidinger und Steinbach treffend zusammenfassen:

> Die Österreicher sprachen deutsch, ihre Kultur war deutsch und sie hatten mit den anderen Deutschen über ein Jahrtausend eine gemeinsame Geschichte. 150 Jahre lang war es in Europa selbstverständlich gewesen: Gemeinsame Sprache, gemeinsame Geschichte und gemeinsame Kultur gehören in einen gemeinsamen Staat. Während dieser 150 Jahre organisierte sich Europa, wo dies nicht ohnehin schon mehr oder weniger passgenau der Fall war, nach diesem Prinzip. Die Franzosen durften Franzosen sein, die Engländer Engländer, die Italiener Italiener, die Spanier Spanier. Es war das Zeitalter des Nationalismus. Die Geschichte wollte, dass das für Österreich nicht gelten sollte. (S. 51-52).

Nach dem Zusammenbruch des „Dritten Reiches" war man endlich so weit, sich vom deutschen Bruder endgültig zu trennen. Karl Renner wandte sich in einer historischen Rede vor Beamten des Bundeskanzleramts am 30. April 1945 öffentlich von der sein bisheriges Leben mit voller Überzeugung verfochtenen Anschlussidee ab:

> Der Anschlussgedanke, wie er in den Jahren 1918, 1920 und den folgenden Jahren vertreten war, hat etwas ganz anderes vorgesehen, als Hitler gebracht hat. Seiner Idee nach sollte das österreichische Volk als Bundesglied mit seinem aufrecht stehenden Staate als Bundesstaat nach der Weimarer Verfassung in die Gemeinschaft aller deutschen Stämme eintreten, aber nicht in dem Zustand, in dem wir schließlich annektiert wurden. Von Hitler

> wurde unser Staat gleichsam geköpft; Österreich hat damals jede Eigenständigkeit eingebüßt. Sogar sein Name ist ausgelöscht worden. So war der Anschluss nie gedacht und so hätte er nie von einer freien Volksvertretung angenommen werden können. Der Gedanke ist nicht durch unsere Schuld, sondern durch Schuld der anderen endgültig gescheitert und begraben. Es ist Adolf Hitler, der den Anschluss zuerst verfälscht und verfehlt, und zum Schluss auf alle Zeiten verspielt hat. (Zitiert nach Haidinger und Steinbach, S. 147).

Bemerkenswert ist, dass Renner vom österreichischen „Volk" spricht, obwohl es bisher immer nur ein deutsches Volk gegeben hatte. Aus den bereits genannten Gründen ist es mir sympathischer, den Begriff des Volkes nicht nur nicht mit Österreich in Verbindung zu bringen, sondern überhaupt fallen zu lassen. Österreich ist ein Nationalstaat, dessen Amtssprache Deutsch ist, und die in ihm lebenden Menschen bilden eine Schicksalsgemeinschaft. Das genügt vollkommen! Renner räumte ein, dass es vielen schwer fallen werde, die deutsche Identität aufzugeben, er erkannte aber auch, dass dies eine befreiende Wirkung haben werde:

> Das mag so manchem hart werden, aber andrerseits nach dem, was geschehen ist, nach dieser furchtbaren Katastrophe ist die einmal vollzogene Tatsache für uns alle zugleich eine erlösende und befreiende Tatsache: Wir wissen, woran wir sind! Wir sind wieder im Besitze unseres eigenen Willens, unserer eigenen, wenn

> auch schwachen Mittel und wieder Meister unserer Zukunft geworden. (Zitiert nach Haidinger und Steinbach, S. 51).

Spät aber doch sah Karl Renner ein, dass das Beharren auf der deutschen Identität der Österreicher ein historischer Irrtum gewesen war. Im Gegensatz zur Kurt Schuschnigg hatte er aus der Geschichte gelernt. Dem Land wäre möglicherweise viel Leid erspart geblieben, wenn es früher zu sich selbst gefunden hätte.

Kapitel 7.6 – Sprachprobleme

Die Sprache gibt Erinnerungen als Tatsachenberichte oder mythische Verklärungen weiter, kleidet sie in Form von Gedichten, Romanen oder Dramen, und enthält eine Fülle von Informationen und Emotionen, die, wenngleich sie dem Sprecher nicht voll bewusst sein mögen, immer mitschwingen. Die Entschlüsselung der in den Wörtern versteckten Bedeutungen und Gefühlsregister ist die Aufgabe der Sprachgeschichte und insbesondere der Etymologie. Zwar nehmen die sprachlichen Begriffe und Formen im Laufe der Zeit immer neue Bedeutungen an, aber die alten bleiben darunter erhalten und können jederzeit wieder erweckt werden. Die Sprache trägt damit, wie auch die Gattungen und Formen der Kunst, zur Herausbildung einer Gefühlskultur bei, die eine Gemeinschaft, eine Region, eine Nation auszeichnet. Die Dichter verstehen es, auf dem Instrument der Sprache wie auf einem Musikinstrument zu spielen und Gefühle heraufzubeschwören, von denen wir nicht wussten, dass sie in uns wohnen. Aber nicht nur die Dichter tun dies, sondern auch manche Politiker, vor allem solche mit demagogischer Begabung, wissen, wie man mit der Sprache spielt oder, negativ formuliert, sie manipuliert und missbraucht. Indem sie bestimmte Reizwörter einsetzen, um ihren Forderungen Nachdruck zu verleihen, machen sie sich den latenten Gefühlsgehalt der Sprache zunutze.

Nationen unterscheiden sich am offensichtlichsten durch ihre Nationalsprachen voneinander. Ich wurde und werde gelegentlich immer noch gefragt, welche Sprache wir in Österreich sprechen. Es ist nicht leicht, Ausländern zu erklären, warum wir die Sprache unseres großen nördlichen Nachbarn sprechen, von dem wir uns so heftig abzugrenzen versuchen. Die Tatsache, dass Österreich ein deutschsprachiges Land ist, wurde unmittelbar nach dem Zweiten Weltkrieg von manchen patriotischen Kreisen als peinlich empfunden, weshalb denn die Sonderstellung des ös--terreichischen Deutsch auf alle möglichen Weisen hervorgehoben wurde. Dagegen ist prinzipiell nichts zu sagen, denn die Identität eines Landes oder einer Region manifestiert sich besonders deutlich in den Eigenheiten der dort gesprochenen Sprache, und das österreichische Deutsch zeichnet sich in der Tat durch eine Fülle von Besonderheiten aus. Bedenklich war allerdings, dass man vermied, das Wort *deutsch* in Verbindung mit der im Lande gesprochenen Sprache zu verwenden. Als ich in den späten vierziger Jahren des 20. Jahrhunderts die Volksschule in Salzburg besuchte, nannte man das Fach, das früher *Deutsch* geheißen hatte und auch später wieder so hieß, *Unterrichtssprache*. Dieser Begriff stammte aus der österreichisch-ungarischen Monarchie, in der die im Schulunterricht verwendete Sprache Deutsch, Tschechisch, Ungarisch oder ein anderes der in Österreich-Ungarn gesprochenen Idiome sein konnte. Anders als im habsburgischen Vielvölkerstaat machte dieser Begriff in Österreich nach 1945, wo ja in allen Schulen auf Deutsch unterrichtet wurde, keinen Sinn, außer dass er der Abgrenzung vom deutschen Nachbarn diente. Immerhin gab es keine ernst zu nehmenden Bestrebungen, *Österreichisch* zur Nationalsprache zu erklären. Diese Art des radikalen linguistischen Bruchs mit der eigenen Vergangenheit erfolgte nach dem Zerfall Jugoslawiens, als die Kroaten, Serben, Bosnier und Montenegriner auf einmal nicht mehr serbokroatisch sprachen, sondern kroatisch, serbisch, bosnisch und montenegrinisch zu reden begannen. Vermutlich werden diese neuen Länder beim Eintritt in die europäische Union darauf bestehen, dass ihre Sprachen als eigenständige Sprachen anerkannt werden und dass beispielsweise Dokumente aus dem Kroatischen ins Serbische, Bosnische und Montenegrinische übersetzt zu werden haben. Solche Schrebergärtnereien blieben Österreich zum Glück erspart. Der schamhafte Umgang mit der Tatsache, dass Österreich ein deutschsprachiges Land ist, mag uns heute lächerlich erscheinen, doch muss man ihn im Kontext der damaligen Zeit sehen. Er bildete einen Teil der Strategie, sich von Deutschland zu unterscheiden und das österreichische Nationalgefühl zu festigen.

Kapitel 7.7 – Opfer

Nach 1945 präsentierte sich Österreich nicht mehr als besseres Deutschland und auch nicht mehr als deutscher Staat, sondern als Österreich. Als bester Beweis dafür, dass es sich von seinem nördlichen Nachbarn grundsätzlich unterscheidet, konnte man die Tatsache anführen, dass die Deutschen 1938 in Österreich einmarschiert waren. Eine Militärmacht marschiert ja in ein *fremdes* Land ein, um es sich einzuverleiben. Es war allerdings nötig, die Geschichte ein wenig zurechtzufrisieren. Österreich war nun nicht mehr, wie es die Propaganda der Nazis dargestellt hatte, von Hitler ins Reich *heimgeholt,* sondern von einer fremden Macht *annektiert* worden. Als Grundlage der Opferthese diente die von den Außenministern der Alliierten, Anthony Eden (Großbritannien), Cordell Hull (USA) und Wjatscheslaw Michailowitsch Molotow

(Sowjetunion), unterzeichnete Moskauer Deklaration vom November 1943, in der Österreich bescheinigt wurde, das erste Opfer der Aggression Hitler-Deutschlands gewesen zu sein. Den Schöpfern der Gründungsmythologie der Zweiten Republik kam der folgende Passus dieser Deklaration besonders gelegen:

> Die Regierungen des Vereinigten Königreiches, der Sowjetunion und der Vereinigten Staaten von Amerika sind darin einer Meinung, daß Österreich, das erste freie Land, das der typischen Angriffspolitik Hitlers zum Opfer fallen sollte, von der deutschen Herrschaft befreit werden soll. (Zitiert nach Mikoletzky, S. 437).

Hier wurde von mächtigen Zeugen bestätigt, dass Österreich nicht Deutschland war, und dass es dessen Machtpolitik zum Opfer gefallen war. Von dem folgenden Passus der Moskauer Deklaration hörte man viel weniger. Da heißt es nämlich:

> Österreich wird aber auch daran erinnert, daß es für die Teilnahme am Kriege an der Seite Hitler-Deutschlands eine Verantwortung trägt, der es nicht entrinnen kann, und daß anläßlich der endgültigen Abrechnung Bedachtnahme darauf, wieviel es selbst zu seiner Befreiung beigetragen haben wird, unvermeidlich sein wird. (Zitiert nach Mikoletzky, S. 438).

Österreich als erstes Opfer der nationalsozialistischen Aggressionspolitik ließ sich bestens verwerten und wurde entsprechend laut in die Welt hinausposaunt. Von der „Verantwortung für die

Teilnahme am Kriege" hörte man hingegen so gut wie nichts. Wenngleich führende österreichische Schriftsteller und Intellektuelle wie beispielsweise Gerhart Fritsch, Carl Merz, Helmut Qualtinger, Thomas Bernhard, Gustav Ernst, Elfriede Jelinek und Josef Haslinger nicht müde wurden, die mit dem Opfermythos verbundene Verdrängung der „Verantwortung" „für die Teilnahme am Kriege an der Seite Hitlers" zu geißeln, lässt sich doch nicht leugnen, dass sie sehr gut funktioniert hat. Wenn Teile der Vergangenheit schwer zu ertragen sind, verdrängt man sie, um ein schwer erschüttertes Selbstbewusstsein nicht noch mehr zu unterminieren. Das ist mitunter notwendig, um kurzfristig das Überleben zu sichern. Langfristig kommt man allerdings nicht darum herum, sich dem Verdrängten zu stellen. Ein Mensch kann von seinen Traumata erst geheilt werden, wenn er die verdrängten Schrecken seiner Vergangenheit aufarbeitet. Mit einer Gemeinschaft verhält es sich nicht anders. Als Bundeskanzler Vranitzky im Parlament erklärte, dass Österreich an den Nazi-Verbrechen mitschuldig sei, war dies ein erster Schritt in diese Richtung. Die 1986 ausgebrochene Waldheim-Affäre, die wohl zu bekannt ist als dass wir hier näher auf sie einzugehen brauchen, lieferte dazu den entscheidenden Anstoß.

Darüber, wieviel Österreich zu seiner Befreiung beigetragen hat, lässt sich streiten. Es gab eine Widerstandsbewegung, die von der Geschichtswissenschaft aufgearbeitet wird, doch lässt sie sich wohl nicht mit dem Widerstand der serbischen und kroatischen Partisanen gegen die Nazis vergleichen. Für viele Österreicher, vermutlich sogar für die Mehrheit, bedeutete der „Anschluss" an Hitlers Reich 1938 die Erfüllung eines lange gehegten Wunsches, der, wie wir gesehen haben, gute historische Gründe hatte. Deshalb war es für Österreicher, selbst wenn sie aufrechte Nazigegner waren, nicht leicht, dem Hitler-Regime zu widerstehen, da sich ja jeder Widerstand, etwa in Form von Sabotageakten, immer auch gegen die «eigenen» Leute, zu denen auch die Deutschen zählten, und gegen das «Vaterland» - was immer das nun war: Österreich oder Deutschland? - richtete. Die Serben und Kroaten taten sich in dieser Hinsicht zweifellos leichter.

Kapitel 7.8 – Die Auferstehung Habsburgs

Die Mythenschöpfer, die sich nach dem Ende des Zweiten Weltkrieges ans Werk machten, gingen geschickter vor als die widerwilligen Gründungsväter der Ersten Republik. Sie erkannten, dass sich die habsburgische Vergangenheit des Landes nicht einfach ausradieren ließ. Viele Österreicher verklärten die letzten Jahre der Monarchie als eine Zeit, in der «wir» noch etwas in der Welt darstellten. Die gute alte Zeit des Kaisers Franz Joseph war auch noch nach 1945 von einer Gloriole umgeben. Eine Aufzählung der Titel österreichischer Filme, die zwischen 1950 und 1960 entstanden, spricht für sich. In einem Artikel von 1979 mit dem Titel *Die austriakische Restauration* führt Albert Berger folgende Titel an:

> 1950: Erzherzog Johanns große Liebe. 1951: Verklungenes Wien, Schwindel im Dreivierteltakt. 1952: Saison in Salzburg, Wienerinnen, Die Fiakermilli. 1953: Kaiserwalzer, Der Feldherrnhügel, Kaisermanöver. 1955: Die Deutschmeister, Hofjagd in Ischl, Der Kongreß tanzt, Sissi. 1956: Kronprinz Rudolfs letzte Liebe, Opernball, Kaiserball, Sissi, die junge Kaiserin. 1957: Wien, du Stadt meiner Träume, Skandal in Ischl, Sissi – Schicksalsjahre einer Kaiserin, Der Kaiser und das Wäschermädel. 1958: […] Wiener Luft, Hoch klingt der Radetzkymarsch. 1959: Rendezvous in Wien, Das Dreimäderlhaus. (S. 70).

Außerdem brachte die Fiktion, derzufolge das kleine Österreich der Erbe der großen habsburgischen Vergangenheit war, Touristen und damit Geld ins Land. Man knüpfte an das habsburgische Erbe an, entfernte jedoch aus diesem das giftige deutsche Element. Selbst die politische Linke rang sich schließlich dazu durch, die habsburgische Vergangenheit als wichtigen Bestandteil der Geschichte Österreichs anzuerkennen. Es war Ernst Fischer, ein von der Sozialdemokratie zum Kommunismus übergetretener führender Intellektueller, welcher der Schaffung eines für die Zeit nach 1945 brauchbaren Habsburgermythos wesentliche Impulse gab. In seiner 1945 verfassten Schrift *Die Entstehung des österreichischen Nationalcharakters* schrieb er, dass das neue Österreich nur aus seiner habsburgischen Vergangenheit her verstanden werden könne, und bestätigt damit, was Spengler schon 1934 erkannt hatte.

Kapitel 7.9 – Neutralität

So wichtig es für eine Gemeinschaft auch sein mag, sich von dem Anderen, das man nicht ist oder nicht sein will, abzugrenzen, so notwendig braucht sie auch positive Inhalte und Aufgaben. Zum einen diente die Beschwörung der habsburgischen Vergangenheit der Befriedigung nostalgischer Gefühle, zum andern erwies sie sich bei der Definition der Rolle Österreichs in der Epoche des Kalten Krieges als überaus nützlich. Die Kaiser aus dem Hause Habsburg waren einerseits deutsche Kaiser und andererseits Herrscher über eine beachtliche aus vielen Völkern bestehenden Hausmacht gewesen, die zum Teil nicht zum Reich gehörte. Die Machtbefugnisse des deutschen Kaisers im Reich waren sehr beschränkt, sie waren vergleichbar mit der Macht oder Ohnmacht, die der Präsident der EU in Europa ausübt. Der Kaiser konnte nicht verhindern, dass sich die deutschen Fürsten untereinander bekriegten, und es kam auch immer wieder vor, dass sich deutsche Fürsten mit ausländischen Mächten gegen ihn verbündeten, und dass dieser als Herrscher seiner Hausmacht seinerseits Bündnisse mit fremden Mächten eingehen musste, um seine Ansprüche gegen deutsche Fürsten durchzusetzen. Wirkliche Macht übte er nur innerhalb der Grenzen seiner Hausmacht aus, und selbst dort war das nicht immer ganz einfach. Die Gebiete des Heiligen Römischen Reichs lagen im Westen, die nicht zum Reich gehörenden von Habsburg regierten Länder im Osten. Die politischen Interessen des Hauses Österreichs waren somit zwischen West und Ost geteilt. Bis zum Ende Österreich-Ungarns gab es intensive Debatten über die Frage, ob sich die Monarchie mehr dem Westen annähern solle, oder ob ihre wahre Bestimmung nicht eher in der Ausrichtung nach dem Osten zu suchen sei. Man kann dies z.B. in Brigitte Hamanns Buch über den Kronprinzen Rudolf nachlesen. Daran konnte die Zweite Republik erfolgreich anknüpfen. In der Zeit des Kalten Krieges gelang es, den Status der „immerwährenden Neutralität" politisch zu nutzen und Österreich als Brücke zwischen Ost und West zu positionieren. Damit wich unser Land einer eindeutigen Bestimmung seiner Identität aus: Wir sind weder das eine noch das andere, wir stehen dazwischen, wir verhalten uns neutral! Das klingt negativ, aber es hatte auch eine positive Seite: Österreich konnte dazu beitragen, dass der Dialog über den Eisernen Vorhang hinweg nicht zum Erliegen kam, es übernahm die Rolle des Vermittlers und leistete einen Beitrag zum Abbau der

Spannungen zwischen den Blöcken. Niemand vermag abzustreiten, dass die Neutralität dem Staat gute Dienste geleistet hat. Sie machte es erst überhaupt möglich, dass das Land 1955 seine Unabhängigkeit erlangte und sie gab den Österreichern und vor allem den Wienern wieder etwas, wofür sie da sein konnten. Die Errichtung eines Zweiges der Vereinten Nationen, wodurch Wien zum dritten UNO Sitz wurde, die Tatsache, dass die OPEC und die Internationale Atombehörde ihren Sitz in Wien aufschlugen und dass die Konferenz über Sicherheit und Zusammenarbeit in Europa hier stattfindet, sind ihr zu verdanken. Sehr bald setzte sich die Neutralität im Bewusstsein der Österreicher fest und „bildete", wie Erich Zöllner hervorhebt, „ein neues Element im österreichischen Selbstverständnis". Während man nach dem Ersten Weltkrieg der „Verschweizerung" Österreichs eher negativ gegenüberstand, wurde nach 1945 „dem Vorbild der Schweiz nachgestrebt". (S. 85). Seit dem Beitritt zu EU stellt sich allerdings die Frage, wie lange Österreich noch an der Neutralität festhalten kann und ob sie überhaupt noch sinnvoll ist.

Kapitel 8 - Der Mythos des Reichs

Nach dem Ersten Weltkrieg ging man daran, mit der „Habsburgerlegende" aufzuräumen, die republikanische Regierung schaffte die Adelstitel ab, beschlagnahmte die Paläste des Herrscherhauses, und verhängte über Habsburger, die sich weigerten, auf ihre Herrschaftsansprüche zu verzichten, das Einreiseverbot. Dennoch erwies sich die Attraktion der versunkenen Monarchie als stärker denn alle Versuche, entweder vom Nullpunkt an neu anzufangen, oder andere als die gewohnten historischen Verbindungslinien zu ziehen und Österreich stärker in der deutschen Geschichte, vor allem in der Tradition der deutschen Klassik und Aufklärung zu verankern. Langfristig setzte sich das Bewusstsein durch, dass Österreich durch Habsburg entscheidend geprägt worden war und dass sich die Pflege des habsburgischen Erbes sowohl in gemeinschaftsbildender als auch in wirtschaftlicher Hinsicht als positiv erwies. Wenngleich Österreich ebenso wie beispielsweise Ungarn, die Tschechische Republik oder Slowenien zu den Nachfolgestaaten Österreich-Ungarns gerechnet werden kann, profitiert es doch auf sehr besondere Weise vom habsburgischen Erbe, und viele Österreicher betrachten die Geschichte des Habsburgerreiches als Teil der eigenen Geschichte und identifizieren sich mit ihr. Ich erinnere mich an meinen Geschichtsunterricht in der Mittelschule, in der die ganze Klasse den Siegen des Prinzen Eugen über Türken und Franzosen mit Begeisterung folgte, so als ob das etwas mit uns zu tun habe. Obwohl ich einer von drei oder vier Lutheranern in meiner Klasse war, freute auch ich mich über die militärischen und politischen Erfolge der erzkatholischen Dynastie. Im Religionsunterricht erzählte uns der Pfarrer, dass der schwedische König Gustav Adolf die Protestanten, also «uns», vor der Vernichtung durch die kaiserliche Rekatholisierungspolitik bewahrt habe. Als Protestant war ich natürlich Gustav Adolf dankbar dafür, dass er den Habsburgern erfolgreich widerstanden hatte, als guter Österreicher jedoch bedauerte ich, dass die kaiserlichen Feldzüge letzten Endes nicht dazu führten, das durch die Glaubenskriege gespaltene Deutsche bzw. Heilige Römische Reich unter den Habsburgern zu einigen und Macht und Ansehen des Hauses Österreich zu vergrößern. Meine Identifikation mit Habsburg war zweifellos die Folge des Geschichtsunterrichts, wie er in den späten fünfziger und frühen sechziger Jahren gepflegt wurde.

Das Heilige Römische Reich war, in den Worten von Friedrich Heer

> ein machtleeres oder doch zumindest machtarmes Gebilde, das sich allen machtlüsternen Zugriffen von außen und innen, später auch allen Begriffen

> des nationalstaatlichen Denkens entzog. (*Das Heilige Römische Reich*, S.7)

Da die deutschen Kaiser gewählt wurden und sich die Stimmen der Kurfürsten durch Gewährung von Privilegien und damit durch Einschränkung der kaiserlichen Macht erkaufen mussten, gelang es ihnen nicht, dieses sogenannte Reich in ein wirkliches Reich zu verwandeln. Lassen wir noch einmal Friedrich Heer zu Wort kommen:

> Das Heilige Römische Reich ist etwas sehr anderes geworden als der karolingische Zentralstaat – als dieses Programm, dieser Entwurf für ein zentralisiertes Europa. Das Reich wurde keine «Universalmonarchie», keine Diktatur, überhaupt kein «Staat» im Sinne des Nationalstaates, wie er in England, Frankreich, Sizilien vom 12. Jahrhundert an sorgfältig und zäh aufgebaut wurde.
>
> Das Reich besteht im Mittelalter aus Menschen, die am Reiche teilhaben; es ist kein territorialer Begriff, sondern vor allem ein Personalverband auf genossenschaftlicher Grundlage. (S. 23).

Wirkliche Macht übten die Habsburger nur in ihren Erblanden aus, und selbst da konnten sie nicht unbeschränkt herrschen, sondern waren von der Kooperationsbereitschaft des Adels der von ihnen regierten Völker abhängig. Maria Theresia hätte im Bayrischen Erbfolgekrieg keine Chance gehabt, wenn es ihr nicht gelungen wäre, den ungarischen Adel auf ihre Seite zu bringen. Sie unternahm die ersten ernst zu nehmenden Versuche, ihre Territorien effizienter zu verwalten und zu einem einigermaßen durchorganisierten Staat umzuformen. Ihr Sohn Josef II. setzte diese Bemühungen fort. Dennoch wurde die Habsburgermonarchie, die das Heilige Römische Reich zunächst als Kaisertum Österreich von 1804 bzw. 1806 bis 1866 und von 1867 bis 1918 als Österreich-Ungarn überlebte, nie ein wirklicher Staat im modernen Sinne. Was für das Heilige Römische Reich galt, dessen „wichtigster Träger", wie Friedrich Heer sagt, Deutschland war, (S. 33) traf *mutatis mutandis* auch auf das Habsburgerreich zu: Dessen wichtigster Träger war der deutschsprachige Teil der Monarchie, die sich nie zu einem Zentralstaat entwickelte. Die Habsburger versuchten zwar einerseits, ihren Herrschaftsbereich verwaltungsmäßig zu straffen und zu einem Ganzen umzubilden, andererseits hatten sie keine andere Wahl als am übernationalen Prinzip festzuhalten, da der Nationalismus ihre machtpolitischen Ansprüche unterminierte. Damit widersetzten sie sich dem im 19. Jahrhundert herrschenden nationalistischen Zeitgeist. Als „römische" Kaiser hatten sie die unversalistische Idee gegen die aufstrebenden Nationalstaaten Europas vertreten. Das taten sie auch weiterhin nach dem Ende des Heiligen Römischen Reiches 1806 und nach der Errichtung des neuen Nationalstaates Deutschland unter Bismarck 1871. Sie blieben bis zum bitteren Ende einer Tradition verpflichtet, die unzeitgemäß geworden war. Insofern ist es historisch sinnvoll, dass die Kaiserkrone Ottos I. des Großen von 962, mit der im Mittelalter die Kaiser des Heiligen Römischen Reiches gekrönt wurden, seit 1800 in der Wiener Schatzkammer aufbewahrt wird, die damit wohl als der bedeutendste kultische Ort Österreichs angesehen werden darf.

Die Beobachtung, die Gutzkow, Vischer und Spengler machten, nämlich dass sich die Österreicher von den Deutschen entfremdet haben, bedarf, so meine ich, einer Korrektur. Es verhält sich eher umgekehrt. Die Habsburger führten die mit der katholischen Kirche verbundene übernationale Tradition des Heiligen Römischen Reichs fort, mit der die reformierten Deutschen nichts mehr anfangen konnten. Nicht die Österreicher entfremdeten sich von den Deutschen, sondern die Deutschen von den Österreichern. Während Österreich-Ungarn am übernationalen Modell festhielt, und die großdeutsche Lösung, d.h. ein vereintes Deutschland unter Einschluss der Habsburgermonarchie anstrebte, entschieden sich die von Preußen geführten Deutschen für die kleindeutsche Lösung, also für ein Deutschland ohne den Ballast des Vielvölkerstaates und damit gewissermaßen für die Säuberung Deutschlands von dem mitteleuropäischen Kulturgemisch, das dem modernen Nationalstaat nur Probleme bereitete.

Dass die Österreicher nach 1918 so beharrlich an der Idee, Deutsche zu sein, festhielten, beruht gewissermaßen auf einem Missverständnis. Die meisten dachten dabei nicht so sehr an das Deutschland, das infolge des Sieges der kleindeutschen Kräfte entstanden war, sondern eher an Deutschland, wie es dereinst im Heiligen Römischen Reich existierte. Als Zeuge sei Hugo von Hofmannsthal angeführt, der die Behauptung, dass es eine österreichische Literatur und eine österreichische Musik gäbe, als „Fiktion" abtat:

> Denn darauf scheinen mir letztlich alle Betrachtungen überpolitischer Art, welche sich mit dem Phänomen Österreich beschäftigen, hinauslaufen zu müssen: die Fiktion einer österreichischen Musik, einer österreichischen Literatur – alles das gibt es nicht, es gibt nur eine deutsche Musik und eine deutsche Literatur, und in dieser die von Österreichern hervorgebrachten Werke. Denn diese Begriffe haben nur mit der gesamten deutschen Nation zu tun, wie sie einst im Heiligen Römischen Reich repräsentiert war...(*Prosa* IV, S. 101).

Hofmannsthal betrachtet Österreich mitsamt seiner Kultur als zur deutschen Nation gehörig. Aber unter der deutschen Nation verstand er nicht dasselbe wie die Deutschnationalen und später die Nazis. Er dachte vor allem an das Heilige Römische Reich Deutscher Nation.

Wie steht es nun mit dem Verhältnis zwischen der Republik Österreich und seiner Vergangenheit als zentraler Raum sowohl der Habsburgermonarchie als auch des Heiligen Römischen Reiches? Die Heraldik mag uns helfen, diese Frage zu beantworten. Mein Onkel erzählte mir, dass der

Maria-Theresien-Taler bis in jüngere Zeit hinein ein weit verbreitetes Zahlungsmittel war, u.a. auch in Nordafrika. Ich erinnere ich mich, dass es mich mit einem gewissen Stolz erfüllte, «unser» Österreich in der großen weiten Welt auf diese Weise repräsentiert zu wissen. Auf dem Maria-Theresien-Taler ist der Doppeladler abgebildet. Herbert Rosendorfer macht darauf aufmerksam, dass der Doppeladler nicht, wie oft fälschlich behauptet, das Wappentier der Habsburger, sondern das des Heiligen Römischen Reiches war. Das Wappentier der Habsburger waren drei aufsteigende Lerchen. Der Doppeladler wurde als Staatszeichen in Ostrom eingeführt, nachdem das römische Reich unter Diokletian geteilt worden war. Er blieb das Wappentier des byzantinischen Reichs bis zu dessen Untergang im Jahre 1453, von wo er weiter nach Russland wanderte. Das zaristische Russland verstand sich als das «Dritte Rom» und somit als Nachfolger des oströmischen (byzantinischen) Imperiums, des «Zweiten Roms». Die deutschen Könige führten zuerst den einköpfigen Adler in ihrem Wappen, erst ab dem 15. Jahrhundert wurde auch bei ihnen der Doppeladler üblich, wie er einem römischen Reich, das noch dazu ein heiliges zu sein beanspruchte, zustand. Als der letzte Römische Kaiser Franz II. (Kaiser Franz I. von Österreich) 1806 das alte Reich auflöste, übernahm er den Doppeladler als Wappentier der Habsburgermonarchie. Damit wollte man ausdrücken, dass das Kaisertum Österreich der legitime

Nachfolger des untergegangenen Heiligen Römischen Reiches war. In Österreich-Ungarn jedoch war der Doppeladler lediglich das Wappentier der cisleithanischen (österreichischen) Reichshälfte. Die transleithanische (ungarische) Reichshälfte führte die Stephanskrone im Wappen. So kam es zu der merkwürdigen Situation, dass der Staat zwei verschiedene Wappen führte. Jahrzehntelange Bemühungen, ein gemeinsames Staatssymbol zu schaffen, blieben bis 1915 ergebnislos. Erst dann, also im zweiten Jahr des Weltkrieges, gelang dies! Die beiden Wappen, das cisleithanische und das transleithanische, wurden nun vom Wappen der Habsburger-Dynastie zusammengehalten. Das verbindende Habsburgerwappen war kleiner als die nebeneinander stehenden Wappen der beiden Reichshälften, schwebte jedoch über ihnen. So war schließlich

> das Kunststück zustandegebracht worden, die „im Reichsrat vertretenen Königreiche und Länder" (cisleithanische Reichhälfte, österreichische Länder) und die „Länder der Heiligen Stephanskrone" (transleithanische Reichshälfte, ungarische Länder) staatsrechtlich und heraldisch zu verbinden und dabei gleichrangig zu behandeln. Das Wappen des Allerhöchsten Herrscherhauses verband beide Reichshälften übergreifend, aber nicht überherrschend. (Wikipedia)

Als man nach dem Kollaps des Habsburgerreiches ein geeignetes Staatssymbol des gegen den Willen der Mehrheit der Bevölkerung in die nationalstaatliche Freiheit entlassenen deutschsprachigen Restes der Monarchie suchte, einigte man sich darauf, dass das „"kleine Wappen der österreichischen Länder" […] zum legitimen Vorfahren des heutigen Bundeswappens werden sollte". (Wikipedia). So kam der Doppeladler, den die Habsburgermonarchie vom Heiligen Römischen Reich übernommen hatte, in das Wappen der jungen Republik. Der imperiale Adler verlor allerdings einen Kopf, und zwar den nach rechts im Bild, also gegen Osten blickenden. Eine gewisse Kontinuität zwischen der neuen österreichischen Republik und der untergegangenen Doppelmonarchie wurde damit angedeutet. Selbstverständlich gab es Widerstände gegen solche Erinnerungen an Habsburg und Reich. Dr. Karl Renner wollte sich vom Adler vollkommen trennen und hatte „die Trias "Stadtturm, Ährenkranz, Bergmannshämmer" als verbindendes Symbol für Bürger, Bauern und Arbeiter im Auge", doch setzte er sich damit nicht durch. Statt dessen beschloss die Konstituierende Nationalversammlung am 8. Mai 1919 das „Gesetz über das Staatswappen und das Staatssiegel der Republik Deutschösterreich" (St.G.Bl.257/1919), in dessen Artikel 1, Abs. 1 das Wappen folgendermaßen beschrieben wird:

> Das Staatswappen der Republik Deutschösterreich besteht aus einem freischwebenden, einköpfigen, schwarzen, golden gewaffneten und rot bezungten Adler, dessen Brust mit einem roten, von einem silbernen Querbalken durchzogenen Schildchen

> belegt ist. Der Adler trägt auf dem Haupte eine goldene Mauerkrone mit drei sichtbaren Zinnen, im rechten Fange eine goldene Sichel mit einwärts gekehrter Schneide, im linken Fange einen goldenen Hammer.

In den dieses Gesetz betreffenden stenographischen Protokollen in der Beilage 202 findet sich eine aufschlussreiche Erklärung der damit intendierten Symbolik. Einerseits wird betont, dass der Adler nicht als „monarchisches Zeichen" missverstanden werden solle, andererseits jedoch wird „[e]in gewisser Anklang an die bisherigen staatlichen Wappen" als „erwünscht" bezeichnet. Vom Rennerschen Entwurf blieb der Hammer als Symbol für die Arbeiter über. Der von ihm vorgesehene Stadtturm als Symbol für das Bürgertum verwandelte sich in eine Mauerkrone, und statt des Ährenkranzes repräsentierte nun die Sichel die Bauernschaft. Auf diese Weise bemühte man sich um eine die republikanischen Werte ausdrückende Symbolik, ohne die Verbindung zur Vergangenheit vollkommen aufzugeben. Die Beibehaltung der schwarz-rot-goldenen deutschen Nationalfarben war Ausdruck des Wunsches Deutschösterreichs, sich an Deutschland anzuschließen.

Den austrofaschistischen Ideologen des Ständestaates waren die Verweise auf die Werte der (parlamentarischen) Republik zuwider, erinnerten doch Sichel und Hammer auf höchst bedenkliche Weise an Sozialismus und Kommunismus. Österreich erhielt daher von 1934 bis 1938 ein neues Wappen. Der Adler bekam den verlorenen nach rechts im Bild blickenden Kopf zurück, wodurch „der Wille zur Rückbesinnung auf altösterreichische Traditionen und Tugenden ausgedrückt werden" sollte. Die Adlerköpfe waren nimbiert, d.h. mit einem Heiligenschein versehen, was als „Symbol für die christlich-katholische Orientierung des "Ständestaates"" gemeint war. Damit eliminierte allerdings

> der sogenannte "Ständestaat" damit gerade die "ständischen" Elemente des Staatswappens – jene Zeichen also, die das Zusammenwirken von Arbeitern, Bauern und Bürgern symbolisieren wollten. (Wikipedia)

Die Betonung der Verbindung zur habsburgischen Vergangenheit war offenbar wichtiger als die Schaffung einer zeitgemäßen Identität. Die Erläuterung des ständestaatlichen Wappens lässt am Willen zur Rückwendung zur großen Vergangenheit keinen Zweifel, erstaunt allerdings durch ihre historische Ignoranz: „Dieser Doppeladler ist der alte Reichsadler, der seit Jahrhunderten das Wappentier Österreichs war." Gewiss, der Adler war der Reichsadler, aber „das Wappentier Österreichs" war er nicht „seit Jahrhunderten", sondern lediglich seit 1806! In den Köpfen der Schöpfer des ständestaatlichen Wappens vermischte sich Österreich mit dem Reich, wobei nicht klar zu sein scheint, ob sie mit Österreich das

Kernland der Habsburger oder alle von Habsburg beherrschten Länder meinten und ob sie unter dem Reich das Heilige Römische Reich oder die Habsburgermonarchie verstanden. Dieser etwas verwirrten Kombination wurde ein Schuss reaktionären Staatskatholizismus hinzugefügt, der in den nimbierten Adlerköpfen seinen Ausdruck fand.

Nach der Befreiung Österreichs von der Naziherrschaft wurde am 1. Mai 1945 das Staatswappen, auf das man sich am 8. Mai 1919 geeinigt hatte, wieder eingeführt und um das Symbol der gesprengten Ketten erweitert. Im 2. Stück des Gesetzes „über Wappen, Farben, Siegel und Embleme der Republik (Wappengesetz)" Artikel 1, heißt es:

> Die Republik Österreich führt das mit Gesetz vom 8. Mai 1919, St.G.Bl. Nr. 257, eingeführte Staatswappen, das die Zusammenarbeit der wichtigsten werktätigen Schichten: der Arbeiterschaft durch das Symbol der Sichel und des Bürgertums durch das Symbol der den Adlerkopf schmückenden Stadtmauerkrone versinnbildlicht, wieder ein. Dieses Wappen wird zur Erinnerung an die Wiedererringung der Unabhängigkeit Österreichs und den Wiederaufbau des Staatswesens im Jahre 1945 dadurch ergänzt, dass eine gesprengte Eisenkette die beiden Fänge des Alders umschließt.

Diese Interpretation der vier Symbole des Wappens wird als Beweis dafür angeführt, „dass von dem DUALEN Zeichen "Hammer und Sichel" im österreichischen Wappen keine Rede sein kann" , mit anderen Worten: Hammer und Sichel haben nichts mit dem Kommunismus zu tun! Da man in den Wirren der Zeit dem im Verfassungsrang stehenden Wappen die gesprengte Eisenkette lediglich durch ein einfaches Gesetz hinzugefügt hatte, war es notwendig, die neue Beschreibung in die Bundesverfassung aufzunehmen. Dies wurde am 28. Mai 1984 nachgeholt.

Die Heraldik lässt keinen Zweifel daran, dass das heutige Österreich unbeachtet der Hochhaltung der republikanischen und demokratischen Werte die Habsburgermonarchie und das Heilige Römische Reich als seine Vorfahren anerkennt. Damit wird zum Ausdruck gebracht, dass die Geschichte Österreichs nicht erst 1918/19 begonnen hat, sondern eine weit in die Vergangenheit zurückreichende Kontinuität aufweist. Im Unterschied zur Ersten Republik blickt man aber nicht mehr nostalgisch zurück in die gute alte Zeit unter dem bärtigen Greis in Schönbrunn und sehnt sich auch nicht mehr nach der Vereinigung mit dem mächtigen deutschen Bruder. Es ist wohl keine Überinterpretation, wenn man unter der „Wiedererringung der Unabhängigkeit Österreichs", an welche die gesprengte Eisenkette erinnern soll, auch den Bruch mit dem deutschen «Brudervolk» versteht, ohne den es kein unabhängiges Österreich gäbe. Merkwürdigerweise behielt man die deutchen Nationalfarben (schwarzes Gefieder, goldene Waffung und rote Zunge des Adlers) bei. Ob dies ein Versehen war oder ob sich darin, wie Robert Menasse vermutet, die „bis heute“ latenten „österreichischen Anschlußgelüste an Deutschland“ bekunden, (S. 35) sei dahingestellt.

Das Heilige Römische Reich, das 1806 seinen schwachen Geist aushauchte, war nie ein wirkliches Reich, sondern immer mehr Traum als Wirklichkeit gewesen. Dennoch, oder vielleicht gerade deshalb, blieb es in den Köpfen und Herzen der Deutschen und Österreicher höchst lebendig und beeinflusste die Geschichte ihrer Länder auf fatale Weise. Der Geist des verschwundenen Reiches war wie ein uneingelöstes Versprechen. Es ging darum, endlich zu verwirklichen, was das Reich hätte sein können oder sollen, alle enttäuschten Hoffnungen der deutschen bzw. deutschsprachigen Länder klammerten sich an dieses mythische Wesen. Von seiner Wiederherstellung erhofften sich viele Menschen die Erlösung von allen Übeln dieser Welt. Nach dem Untergang sowohl des Deutschen Kaiserreichs als auch Österreich-Ungarns erblickten die meisten deutschsprachigen Österreicher die einzige Überlebenschance im Anschluss an das nun republikanische Deutschland. Der Traum vom Deutschen Reich spielte dabei wohl eine gewisse Rolle: Nun war, so schien es, endlich die Zeit gekommen für ein geeintes deutsches Volk, ein neues demokratisches, republikanisches deutsches Reich gewissermaßen. Unter den Nazis nahm der Reichsgedanke eine neue Form an. Anstatt von einem viele gleichberechtigte Kulturen vereinigendem Reich träumten sie von einem rein deutschen Reich, oder genauer: von einem von den Deutschen beherrschten Reich, in dem man fremde Völker und Kulturen ungestraft versklaven durfte. Nicht alle Menschen teilten diese Philosophie, sondern hielten an einer veralteten Vorstellung vom Reich fest und unterlagen schließlich. Immer aber war es die Idee des Reichs, welche die Menschen begeisterte. Die Propagandamaschine der Nazis ging damit sehr geschickt um. Die Verwendung des auf Arthur Moeller van den Bruck zurückgehenden Begriffs des „Dritten Reichs" war ein genialer Wurf, der einerseits an Joachim von Fiores Drittes Reich des Heiligen Geistes und andererseits an das «Dritte Rom», als welches sich das zaristische Russland repräsentiert hatte, erinnerte. Im Mythos des „Dritten Reiches" vereinigten sich die unerfüllten Träume sowohl der deutschen protestantischen bzw. anti-katholischen Nationalisten als auch der katholisch (ultramontan) habsburgisch gesinnten Monarchisten. Ohne die vage Erinnerung an das Heilige Römische Reich Deutscher Nation hätte der Mythos vom Reich niemals diese gewaltige Macht erringen können. Haidinger und Steinbach verweisen auf den in Österreich um 1938 herrschenden „Graubereich zwischen national-konservativ, katholisch-national, christlich-sozial und völkisch", der es unmöglich macht, klare Trennlinien zwischen den verschiedenen Ideologien zu ziehen. So war der österreichische Historiker Heinrich Ritter von Srbik zwar eng mit dem NS System verbunden, doch wurde er nach 1945 „nicht zwingend als überzeugter Nazi eingestuft, weil die Entnazifizierungsbehörden befanden, dass seine Einstellung nicht im Nationalsozialismus, sondern im Universalgedanken der Habsburgermonarchie wurzelte". (S. 201). So merkwürdig diese Begründung klingen mag: sie bestätigt unsere These.

Es bedurfte zweier Weltkriege und zweier vernichtender Niederlagen der Deutschen und Österreicher, um ihnen den Traum vom Reich für immer auszutreiben. Nun erst war der Weg für beide Staaten frei geworden, ernsthaft mit den Aufbau einer Identität zu beginnen, die der heutigen Zeit entspricht und sich hoffentlich auch in der Zukunft bewähren wird.

Bibliographie

Andics, Hellmut: Der Staat, den keiner wollte. Österreich 1918–1945. Wien 1962

Berger, Albert: Die austriakische Restauration. Gerhart Fritschs Verhältnis zu Österreich. In: Österreichische Literatur seit den zwanziger Jahren. Beiträge zu ihrer historisch-politischen Lokalisierung, hg. Von Friedbert Aspets-berger. Wien 1979, S. 68–80

Bruckmüller, Ernst: Nation Österreich, 2., ergänzte und erweiterte Ausgabe. Wien 1996

Ders.: (Beitrag im) Ausstellungskatalog „Das neue Österreich". Wien 2005, S. 242–254

Brug, Manuel: Neutöner, profil nr. 1, Jg. 42, 3. Jänner 2011, S. 89–91 [Über Franz Liszt]

Brunner, Ulrich: Der Euro hat das Wir-Gefühl der Europäer stark beschädigt. Gastkommentar in: Die Presse, 13. Mai 2013.

Canetti, Elias: Masse und Macht, Erster und Zweiter Band. Regensburg 1960 (Reihe Hanser 124 und 125)

Chamberlain, Houston Steward: Richard Wagner. München 1901

Conrad, Leopold: Mozarts Dramaturgie der Oper. Würzburg 1943 (Das Nationaltheater. Schriftenreihe des Theaterwissenschaftlichen Instituts der Friedrich-Schiller-Universität Jena 8)

Ernst, Gustav: Herzgruft: Komödie. Wien - Zürich 1988

Fischer, Ernst: Die Entstehung des österreichischen Nationalcharakters. Wien 1945

Fliedl, Konstanze: Schnitzlers schwierige Heimat. In: Arthur Schnitzler: Zeitgenossenschaften Contemporaneities, hg. von Ian Foster und Florian Krobb. Bern, Berlin, Brüssel, Frankfurt a.M., New York, Oxford, Wien 2002 (Wechselwirkungen. Österreichische Literatur im internationalen Kontext, Bd. 4), S. 33–42.

Fritsch, Gerhard: Moos auf den Steinen. Reinbek bei Hamburg 1967

Greisenegger, Wolfgang: „Spectacle müssen seyn..." Das Wiener Barocktheater. In: Das Millennium. Essays zu tausend Jahren Österreich, hg. Von Gernot Heiss und Konrad Paul Liessmann. München - Wien 1996

Gutzkow, Karl: Liberale Energie. Eine Sammlung seiner kritischen Schriften. Ausgewählt und eingeleitet von Peter Demetz. Frankfurt a. M. - Berlin - Wien 1974

Haidinger, Martin und Günther Steinbach: Unser Hitler. Die Österreicher und ihr Landsmann. Salzburg 2009

Hamann, Brigitte: Hitlers Wien. Lehrjahre eines Diktators. München – Zürich 2003 (Serie Piper 2653)

Hamann, Brigitte: Winifred Wagner oder Hitlers Bayreuth. München – Zürich 2003 (Serie Piper 3967)

Hamann, Brigitte: Rudolf. Kronprinz und Rebell. München - Zürich 2003 (Serie Piper 800)

Haslinger, Josef: Politik der Gefühle. Ein Essay über Österreich. Frankfurt am Mai 2001 (Fischer Taschenbuch 12365)

Heer, Friedrich: Der Kampf um die österreichische Identität. Wien 2001

Heer, Friedrich: Das Heilige Römische Reich. Von Otto dem Großen bis zur Habsburgischen Monarchie. München 1967

Heer, Friedrich: Der Glaube des Adolf Hitler. Anatomie einer politischen Religiosität. München – Eßlingen 1968

Herzmann, Herbert: Tradition und Subversion. Das Volksstück und das epische Theater. Tübingen 1997 (Stauffenburg Colloquium 41).

Herzmann, Herbert: «Mit Menschenseelen spiele ich». Theater an der Grenze von Spiel und Wirklichkeit. Tübingen 2006 (Forum Modernes Theater. Schriftenreihe 34)

Hoffmann-Ostenhof, Georg (Mitarbeit: Gunter Müller): Aus dem Leben eines Kämpfers. In: profil Nr. 36, 41. Jg., 6. September 2010, S. 20–29.

Hoffmann-Ostenhof, Georg: Das erfundene Volk. Wo Bruno Kreisky doch Recht gehabt hat. In: profil Nr. 42, 41. Jg., 18. Oktober 2010, S. 63.

Hoffmann-Ostenhof, Georg: Lieber Nikolo. Warum Kreuze in Schulen nichts zu suchen haben, der Bischof aus Myra aber willkommen sein soll. In: Profil Nr. 49, 41. Jg., 6. Dezember 2010, S. 77

Hofmannsthal, Hugo von: Preuße und Österreicher. Ein Schema. Erstdruck Vossische Zeitung, 25. Dezember 1917. In: Ders.: Gesammelte Werke in zehn Einzelbänden. Reden und Aufsätze II (1914–1924), hg. von Bernd Schoeller in Beratung mit Rudolf Hirsch. Frankfurt am Main 1979, S. 459–461.

Hofmannsthal, Hugo von: Gesammelte Werke in Einzelausgaben, Prosa IV, Frankfurt am Main 1966

Huizinga, Jan: Homo Ludens. Vom Ursprung der Kultur im Spiel. Reinbek bei Hamburg 1956 (rde 21)

Hye, F-H.: Das Österreichische Staatswappen und seine Geschichte. Innsbruck 1995

Jacobs, Michael: Andes. London 2010

Jeitteles, Ignaz: Aesthetisches Lexikon, Band 2. Wien 1839

Jelinek, Elfriede: Theaterstücke. Reinbek bei Hamburg 1992

Kierkegaard, Sören: Die Krankheit zum Tode. Furcht und Zittern. Die Wiederholung. Der Begriff der Angst, hg. von Hermann Diem und Walter Rest. Köln - Olten 1956

Kraus, Karl: Nestroy und die Nachwelt. In: Die Fackel, Wien 14. Jahr, Nr. 349–350, 13. Mai 1912, S. 1–23

Lackner, Herbert: Der Konflikt Kreisky - Wiesenthal: Neue Dokumente zeigen den brutalen Streit.
Website:
http://www.profil.at/articles/1036/560/277365/der-konflikt-kreisky-wiesenthal-neue-dokumente-streit

Lendvai, Paul: Mein Österreich. 50 Jahre hinter den Kulissen der Macht. Innsbruck-Wien 2010 (Haymon Taschenbuch 45).

Mann, William: The Operas of Mozart. London 1977

Meinhart, Edith: Welche Werte machen Österreich eigentlich aus? In: profil Nr. 22, 44. Jg., 27, Mai 2013, S. 30–31

Menasse, Robert: Das Land ohne Eigenschaften. Essay zur österreichischen Identität. Wien 1992

Mikes, George: How to be an Alien. A Handbook for Beginners and More Advanced People. London 1946

Mikoletzky, Hanns Leo: Österreichische Zeitgeschichte. Vom Ende der Monarchie bis zur Gegenwart. Wien 1969

Milfull, John: Juden, Österreicher und andere Deutsche. Anmerkungen zum Identitätsproblem am Beispiel der Prosa Hofmannsthals. In: Geschichte und Gesellschaft, 7. Jg., Heft, 1981

Mitterer, Felix: Kein schöner Land. Ein Theaterstück und sein historischer Hintergrund. Innsbruck 1987

Mitterer, Felix: Verkaufte Heimat. Eine Südtiroler Familiensaga von 1938 bis 1945 (Drehbuch). Innsbruck 1989. (Die Fortsetzung, Eine Südtiroler Familiensaga von 1959 bis 1969, erschien 1994)

Musil, Robert: Der Mann ohne Eigenschaften. Roman. Reinbek bei Hamburg 1972

Moeller van den Bruck, Arthur: Das dritte Reich. Berlin 1923

Novotny, Alexander: Franz Joseph I. An der Wende vom alten zum neuen Europa. Göttingen –

Frankfurt – Zürich 1968 (Persönlichkeit und Geschichte 46)

Pahlen, Kurt: Wolfgang Amadeus Mozart: Cosi fan tutte. Textbuch, Einführung und Kommentar. Mainz – München 1988 (Serie Musik 8004)

Pelinka, Anton: Zur österreichischen Identität. Zwischen deutscher Vereinigung und Mitteleuropa. Wien 1990

Popper, Karl Raimund: The Open Society and its Enemies. Vol 1: The Spell of Plato. London 1966

Portisch, Hugo und Sepp Riff: Österreich I. Die Wiedergeburt unseres Staates. Wien 1985

Portisch, Hugo und Sepp Riff: Österreich II. Der lange Weg zur Freiheit. Wien 1986

Portisch, Hugo: Die unterschätzte Republik. Ein Buch zur gleichnamigen Fernsehdokumentation von Hugo Portisch und Sepp Riff. Wien 1989

Rabinovici, Doron: «Wer ein Jude ist, bestimme ich!» In: NZZ Folio. Die Zeitschrift der Neuen Zürcher Zeitung. Januar 2008. Thema: Jung und Jüdisch

Ringel, Erwin: Neue Rede über Österreich. In: Das Buch Österreich, hg. von H. Rauscher. Wien 2005, S. 46–69

Rosendorfer, Herbert: Deutsche Geschichte. Ein Versuch, Band 6: Friedrich der Große, Maria

Theresia und das Ende des Alten Reiches. München 2010

Sand, Shlomo: Die Erfindung des jüdischen Volkes. Israels Gründungsmythos auf dem Prüfstand. Berlin 2010

Sachslehner, Johannes: Wien Anno 1683. Wien 2004

Sarrazin, Thilo: Deutschland schafft sich ab. München 2010

Scheible, Hartmut: Arthur Schnitzler in Selbstzeugnissen und Bilddokumenten. Reinbek bei Hamburg 1976 (rowohlts monographien 235)

Scheidl, Hans Werner: Rotstift wütet in Österreichs Selbstverständnis. Eine Kulturschande. In: Die Presse, Samstag, 27. November 2010, S. 12

Schmidt-Dengler, Wendelin: Bruchlinien. Vorlesungen zur österreichischen Literatur 1945 bis 1990. Salzburg und Wien 1995

Schnitzler, Arthur: Der einame Weg. A. S. : Gesammelte Werke in Einzelbänden. Das dramatische Werk, Band 4. Frankurt a. M. 1974, S. 7–84

Schuschnigg, Kurt: Österreich. Eine historische Schau. Sarnen 1946

Segev, Tom: Simon Wiesenthal. Eine Biographie. (Aus dem Hebräischen übersetzt von Markus Lemke). München 2010

Shepherd, Gordon: Engelbert Dollfuß. Graz - Wien - Köln 1961

Spengler, Oswald: Politische Schriften. Volksausgabe. München und Berlin 1934

Staudinger, Martin und Robert Treischler: „Ich bin der Ingenieur auf der Titanic." (Interview mit Thilo Sarrazin), profil nr. 1, 42. Jg., 3. Jänner 2011, S. 56–62.

Staudinger, Martin: General-Immobilmachung, profil Nr. 22, 42. Jg., 30. Mai 2011, S. 75-78.

Tóibín, Colm: Bad Blood. A Walk Along The Irish Border. Ursprünglich veröffentlicht 1987 unter dem Titel *Walking Along The Border*. Chatham 2010.

Toulmin, Stephen: Kosmopolis. Die unerkannten Aufgaben der Moderne. Frankfurt a. M. (suhrkamp taschenbuch wissenschaft 1126)

Trost, Ernst: Prinz Eugen. Wien - München 1985

Unger, Heinz R.: Die Republik des Vergessens. Drei Stücke. Wien - Zürich 1987

Vajda, Stephan: Die Belagerung. Bericht über das Türkenjahr 1683. Wien 1983.

Vischer, Friedrich Theodor: Kritische Gänge. Neue Folge, Erstes Heft. Eine Reise. Stuttgart 1860

Website: Las dimensiones de la Santa Semana.

Website:
http://www.semanasantachinchilla.com/vocablos

Westermann, Gerhart von: Knaurs Opernführer. Eine Geschichte der Oper. München 1952

Wildgans, Anton: Nachlaß. Sämtliche Werke. Historisch-kritische Ausgabe unter Mitwirkung von Dr. Ernst Donatin hg. von Lily Wildgans. Bd. VII. Wien und Salzburg o. J.

Zöllner, Erich: Der Österreichbegriff. Formen und Wandlungen in der Geschichte. Wien 1988.

Zweig, Stefan: Die Welt von gestern. Erinnerungen eines Europäers. Stockholm 194

Zweig, Stefan: Brasilien. Ein Land der Zukunft. Stockholm: Berhard-Fischer 1941

Personenregister

tredition®

www.tredition.de

Über tredition

Der tredition Verlag wurde 2006 in Hamburg gegründet. Seitdem hat tredition Hunderte von Büchern veröffentlicht. Autoren können in wenigen leichten Schritten print-Books, e-Books und audio-Books publizieren. Der Verlag hat das Ziel, die beste und fairste Veröffentlichungsmöglichkeit für Autoren zu bieten.

tredition wurde mit der Erkenntnis gegründet, dass nur etwa jedes 200. bei Verlagen eingereichte Manuskript veröffentlicht wird. Dabei hat jedes Buch seinen Markt, also seine Leser. tredition sorgt dafür, dass für jedes Buch die Leserschaft auch erreicht wird

Autoren können das einzigartige Literatur-Netzwerk von tredition nutzen. Hier bieten zahlreiche Literatur-Partner (das sind Lektoren, Übersetzer, Hörbuchsprecher und Illustratoren) ihre Dienstleistung an, um Manuskripte zu verbessern oder die Vielfalt zu erhöhen. Autoren vereinbaren unabhängig von tredition mit

Literatur-Partnern die Konditionen ihrer Zusammenarbeit und können gemeinsam am Erfolg des Buches partizipieren.

Das gesamte Verlagsprogramm von tredition ist bei allen stationären Buchhandlungen und Online-Buchhändlern wie z. B. Amazon erhältlich. e-Books stehen bei den führenden Online-Portalen (z. B. iBookstore von Apple) zum Verkauf.

Seit 2009 bietet tredition sein Verlagskonzept auch als sogenanntes "White-Label" an. Das bedeutet, dass andere Personen oder Institutionen risikofrei und unkompliziert selbst zum Herausgeber von Büchern und Buchreihen unter eigener Marke werden können.

Mittlerweile zählen zahlreiche renommierte Unternehmen, Zeitschriften-, Zeitungs- und Buchverlage, Universitäten, Forschungseinrichtungen, Unternehmensberatungen zu den Kunden von tredition. Unter www.tredition-corporate.de bietet tredition vielfältige weitere Verlagsleistungen speziell für Geschäftskunden an.

tredition wurde mit mehreren Innovationspreisen ausgezeichnet, u. a. Webfuture Award und Innovationspreis der Buch-Digitale.

tredition ist Mitglied im Börsenverein des Deutschen Buchhandels.